Spiele mit Kleinkindern

Edition Psychologie und Pädagogik

Adelheid Jakobs

Spiele mit Kleinkindern

Ideen für Krabbelgruppe und Familie

Matthias-Grünewald-Verlag · Mainz

2. Auflage 1999

Umschlag: Harun Kloppe, Mainz
Abbildung: Wolfram Heidenreich, Haltern am See
Druck und Bindung: Wagner, Nördlingen

ISBN 3-7867-1844-X

Inhalt

Vorwort

Vielerorts treffen sich heute junge Eltern in selbst orga-
nisierten Gruppen oder in Bildungseinrichtungen zu
Mini-Clubs, Eltern-Kind-Gruppen, Babytreffs, Krab-
belgruppen etc.
Diese Gruppen bieten ein Übungs- und Erfahrungsfeld
für Eltern und Kinder, das die engen Grenzen der Klein-
familie sprengt. Für die Kinder wird ein sinnvoller Über-
gang zwischen Familie und Kindergarten geschaffen.
Es geht nicht um kognitive Frühförderung, sondern um
die Entwicklung von Gruppenfähigkeit, Selbständig-
keit, Konfliktfähigkeit und Kreativität.
Praktische Tips für die Gestaltung der Gruppentreffen
gibt es für diese Altersgruppe in eigener Zusammenfas-
sung kaum. Das Material aus der Vorschulerziehung
läßt sich nicht einfach auf die Arbeit mit den 1 1/2–3jäh-
rigen Kindern übertragen.
Dieses Buch möchte mit seinen Anregungen und Ideen
eine Lücke füllen. Es möchte allen Eltern und pädago-
gischen Fachkräften, die sich für diese Gruppen verant-
wortlich fühlen, Spiel- und Bastelmaterial liefern.
Jede angeleitete Aktivität muß sich immer am Entwick-
lungsstand des Kindes orientieren.
Alle hier aufgeführten Vorschläge wurden über Jahre
in Spielgruppen erprobt.
Herzlichen Dank möchte ich allen Spielgruppenleiterinnen sagen, mit denen ich zusammengearbeitet habe.
Viele Ideen und Anregungen habe ich in gemeinsamen
Treffen bekommen und dann in den Eltern-Kindergrup-
pen ausprobiert. Einige habe ich dann in diesem Buch
aufgeführt.

Adelheid Jakobs

Malen

Für die meisten 1 1/2–3jährigen Kinder ist das Experimentieren mit Farben noch neu.

Wichtig ist, wie auch bei allen anderen gestalterischen Arbeiten, daß das Erproben und Handeln Ziel bleiben. Nicht das Endprodukt, sondern der Prozeß ist wichtig für das Kind.

Die meisten Hersteller von Farben empfehlen ihre Produkte erst für Kinder ab 3 Jahren. Aus der eigenen Arbeit und auch durch den Austausch mit anderen SpielgruppenleiterInnen weiß ich, daß auch schon die Kleineren sehr viel Spaß an Farben und formbaren Materialien haben.

Es muß deshalb in besonders verantwortungsvoller Weise Wert auf Sicherheit und Qualität der Produkte gelegt werden.

Auf diese Hinweise sollte immer geachtet werden:

❖ Das CE-Zeichen, Richtlinie über Sicherheit von Spielzeug 88/378 bzw. die deutsche Verordnung über Sicherheit von Spielzeug 576/89.

Dieses Zeichen sagt aus, daß es sich um ein Spielzeug handelt, das den EU-Richtlinien für sicheres Spielzeug entspricht. Bei einer bestimmungsgemäßen oder vorhersehbaren Verwendung, unter Berücksichtigung des üblichen Verhaltens von Kindern, sind diese gekennzeichneten Produkte nicht gesundheitsschädlich. Spielzeug ohne CE-Kennzeichen darf ab dem 1.1.1991 nicht mehr im Fachhandel verkauft werden.

❖ EN 71 – Hierbei handelt es sich um eine europäische Norm zur Sicherheit von Spielzeug.
In ihr werden physikalische, mechanische und chemische Anforderungen für Spielzeug festgelegt.
So sind in dieser Norm auch Grenzwerte bei Schwermetallverunreinigungen in Malfarben und Knetmassen vorgeschrieben.
Die EN 71 bildet einen wesentlichen Teil der EU-Spielzeugrichtlinien.

❖ Bei Fingermalfarben, die auch von kleinen Kindern benutzt werden, besteht die Möglichkeit, daß sie auch in den Mund genommen werden. Deshalb haben Hersteller in der BRD eine freiwillige Vereinbarung getroffen, die weit über die gesetzlichen Vorschriften hinausgehen.
Diese „freiwillige Vereinbarung über Fingermalfarben" fixiert die Auswahl von Farbmitteln, beschränkt den Einsatz von Konservierungsmitteln und zeigt Höchstgrenzen für Schwermetalle auf.
Außerdem wurde der Zusatz von Bitterstoffen vereinbart, um Kinder davor zu schützen, Fingermalfarben in den Mund zu nehmen.

❖ Für das erste Malen empfehle ich Wachsmalbirnen und dicke Wachsmalstifte, dann extra dicke Kindermalstifte und darauf aufbauend Fingerfarben und Wasserfarben.

❖ Nicht alle Kinder malen gerne mit den Fingern. Hier gibt es Borstenpinsel für die kleine Hand (Holzkugel mit dicken Borsten). Dicke Borstenpinsel mit einem nicht zu langen Stiel erfüllen aber auch ihren Zweck.
Bevor man spezielle Techniken anbietet, sollen die Kinder viel Raum zum freien Malen bekommen, an-

dere Papiere, andere Stifte erproben. Es sollte eigentlich bei jedem Gruppentreffen Freiräume zum eigenen Gestalten geben.

Vorbereitung:

– Maltisch oder Boden mit Folie oder alten Wachstuchdecken großzügig abdecken.
– Wasser in standfeste Gefäße geben.
– Viele alte saugfähige Baumwollappen und/oder Haushaltsrolle bereitlegen.
– Alte Herrenhemden als Malkittel bereitlegen oder Plastiktüten entsprechend umfunktionieren.

Material:

Farben: Wachsmalstifte (auf Bienenwachsbasis)
             dicke Buntstifte
             Fingerfarbe
             Wasserfarbe
             Filzstifte auf Lebensmittelbasis

Papier: Restrollen Papier von der Zeitung
             Restpapier von Druckereien
             Computerpapier
             alte Tapetenbücher und -rollen
             Packpapier
             Tonpapier und -karton

Klebst.:   Tapetenkleister
             wasserlöslicher und lösungsmittelfreier Klebstoff
             oder Klebstifte
             Mehlkleister (Ein paar Eßl. Mehl mit wenig kaltem Wasser glattrühren und mit sprudelnd kochendem Wasser übergießen, bis ein sahneartiger Kleister entsteht)

Maltechniken

Naß in Naß

Das Papier wird so eingefeuchtet, daß es mit Wasser gesättigt ist. Dann malt man mit dem mit Farbe getränkten dicken Borstenpinsel nach Belieben über das Blatt. In Sekundenschnelle breitet sich die Farbe aus.
Das Papier braucht lange zum Trocknen. Wenn es sich von der vielen Feuchtigkeit zu sehr wellt, sollte man es bügeln.

Kleistermalerei

Man bestreicht festes, nicht schnell aufsaugendes Papier mit Kleister. Hierauf wird die Farbe gegeben.
Nach dem Farbauftrag kann man mit den Händen, einem Kamm oder einem anderen stumpfen Gegenstand darüberstreichen. So entstehen immer wieder neue Muster.
Das Kind kann selbst bestimmen, wann ihm sein Bild am besten gefällt und es dann zum Trocknen an die Seite legen. Wie bei der Naß-in-Naß-Malerei braucht das Papier einige Zeit zum Trocknen.

Zaubermalen

Mit einem weißen Wachsmalstift malt man über ein Blatt Papier. Wenn man das Blatt nun mit Wasser- oder dünnflüssiger Fingerfarbe anmalt, werden die weißen Motive sichtbar, weil die Wasserfarbe von der Wachsmalfarbe abperlt.
Auch helle Wachsmalstifte eignen sich, wenn man eine entsprechend dunklere Wasserfarbe benutzt.

Fingerdruck – Handdruck

Viele kleine flache Töpfchen oder Teller mit Farbe werden bereitgestellt. Die Kinder tauchen ihre Finger mit der Spitze in die Farbe und drucken damit viele kleine Punkte auf das Papier.
Beim Handdruck bemalt ein Erwachsener dem Kind die Handfläche mit Farbe. Beim Drucken muß man darauf achten, daß die Finger etwas gespreizt sind.

Kartoffeldruck

Zusätzliches Material: Kartoffeln
Schälmesser

Einfache Zierstempel sind vom Erwachsenen leicht herzustellen. Eine möglichst dicke und feste Kartoffel wird halbiert.
Mit dem Messer werden Kerben angebracht, so daß eine Zierform hochstehen bleibt (z.B. Stern, Dreieck, Viereck, ...).
Entweder wird mit dem Pinsel Farbe auf die Stempelfläche gegeben, oder man taucht wie beim Fingerdruck den Stempel in die Farbe, woraufhin man mehrmals stempeln kann.
Als Druckstöcke können aber auch andere Materialien verwendet werden, wie Papprollen, Korken, Styropor u.a.

Fadentechnik

Zusätzliches Material: Wollfäden
dicke Kataloge oder Telefonbücher

Ein etwa 30–50 cm langer Faden wird mit dem Pinsel in den Farbtopf getupft und eingefärbt. Ein etwa 10 cm

langes Stück bleibt zum Festhalten ohne Farbe. Dann legt man den Faden in Windungen auf ein Blatt Papier (DIN A4) und deckt ein zweites Blatt darüber. Das ganze legt man in die Mitte des Kataloges, wobei das trockene Fadenende heraushängen muß.
Mit der einen Hand stützt man sich auf das Buch, mit der anderen zieht man am Faden. Dabei benötigt das Kind die Hilfe des Erwachsenen. Gemeinsam stützt man sich auf das Buch und zieht. Der gefärbte Faden hinterläßt bizarre Formen.

Spritztechnik

Material: verdünnte Fingerfarbe
                leere Shampoo-, Duschgel-, Plastikflaschen, sehr gut geeignet auch Sprühflaschen
                altes weißes Bettlaken bzw. Stück heller Stoff

Zuerst füllt man die verdünnte Fingerfarbe in die Flaschen.
Der Boden wird großflächig mit einer Plastikplane abgedeckt. Der Stoff wird daraufgelegt.
Die Kinder hocken sich rund um den Stoff. Reihum gehen nun die Flaschen, und jedes Kind kann auf den Stoff sprühen. Ein bizarres Bild entsteht.
Diese Maltechnik kann man im Sommer sehr gut draußen durchführen.

Maltechniken als Grundlagen für Bastelarbeiten

Alle angeführten Maltechniken lassen sich bei den folgenden Bastelarbeiten verwerten.
Die Arbeiten können in der Regel an einem Treffen fertiggestellt werden.
Da sich jeder bei den Bastelarbeiten die Maltechnik selbst aussuchen kann, habe ich bei der Materialauflistung nur „Farben" geschrieben.

Ebenfalls habe ich die Vorbereitung der Tische oder des Bodens nicht noch einmal aufgeführt.

Phantasievogel

Material: festes Papier
Reste von rotem und schwarzem Tonpapier für
Schnabel und Augen
Zeichenpapier
Schere
Klebstoff
Nadel und Faden

Während die Kinder das Papier für die Flügel bunt bemalen, stellen die Eltern den Vogel her.
Die Abbildung kann als Schablone dienen. Sie muß nur entsprechend vergrößert werden.

zusammendrücken und durchschieben

Die äußeren Enden zur Mitte biegen

Das fertig bemalte Blatt wird von den Eltern wie eine Ziehharmonika gefaltet.

In der Zwischenzeit können die Kinder auch den Vogelkörper anmalen.

Das gefaltete Blatt wird zur Hälfte durch die markierte Stelle am Vogel geschoben.

Der innere Rand der Ziehharmonika wird zur Mitte hin gebogen. Durch die letzte Falte wird oben ein Faden zum Aufhängen gezogen.

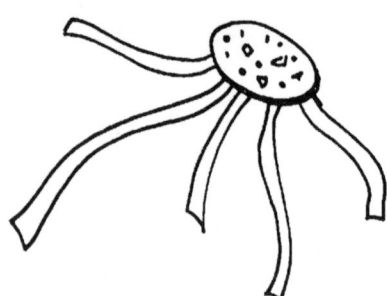

Flatterdeckel

Material: 2 Bierdeckel (pro Kind)
Papier zum Bekleben der Deckel
Kreppapier in verschiedenen Farben
Schere
Klebstoff
Farben

Die Kinder malen einen Bogen Papier bunt. Damit beklebt man die beiden Bierdeckel jeweils von einer Seite. Die Eltern schneiden aus Kreppapier verschieden lange und breite Streifen. Diese werden zur Hälfte zwischen die beiden Pappen geklebt.

Zum Spielen faßt man die freie Seite an und wirft den Flatterdeckel hoch in die Luft. Draußen bei Wind macht es besonders viel Spaß. Man kann sie aber auch beim Spielen mit dem Schwungtuch einsetzten.

Windrädchen

Material: festeres Papier
Draht
Perlen
Holzstöckchen
Schere
Farben

Das Papier muß quadratisch sein.
Bevor es eingeschnitten wird, sollte es von den Kindern
bemalt werden.
Das Papier wird in den Diagonalen gefaltet und wie auf
der Abb. eingeschnitten. Die Ecken mit den Punkten
werden nacheinander in die Mitte gebogen, sie dürfen
nicht gefaltet werden.
Einen etwas längeren Draht biegt man vorne um, zieht
eine Perle auf, dann das Windrad, noch einmal zwei
Perlen und wickelt dann das Ende des Drahtes um das
Holzstöckchen.

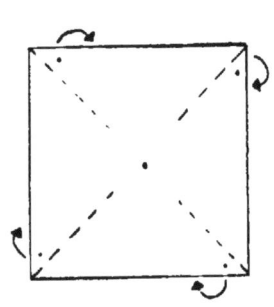 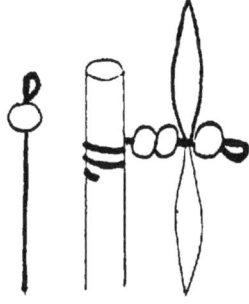

Bunte Steine

Material: glatte Steine
leuchtende Farben
Klarlack (Sprühlack)
Schüssel mit Wasser
altes Handtuch

Gemeinsam mit den Kindern können schöne, glatte Steine gesucht werden. Man kann sie aber auch im Baustoffhandel bekommen.

Alle Steine werden gründlich abgewaschen und gut abgetrocknet.

Die Kinder sollten sich zunächst nur einen Stein vornehmen und die anderen zur Seite legen.

Bestimmte Motive darf man von den Kleinen noch nicht erwarten.

Wenn die buntbemalten Steine trocken sind, werden sie am besten mit Sprühlack von beiden Seiten übersprüht. Die volle Leuchtkraft der Farben kommt erst durch den Lack heraus.

Das Besprühen sollte man möglichst im Freien und ohne die Kinder machen.

Tontöpfe bemalen

Material: einfache Tontöpfe
Farben
farbloser Sprühlack

Die Tontöpfe werden umgedreht, d.h. mit der Öffnung nach unten auf die Unterlage gestellt. Sie sind so einfacher zu bemalen.

Mit den Fingern oder mit einem dicken Pinsel wird der Topf bunt angemalt. Am besten läßt man ihn zum Trocknen auf der Unterlage stehen.

Die fertigen, durchgetrockneten Töpfe werden im Freien mit Lack besprüht.
In den bunten Blumentöpfen kann man etwas aussähen (z.B. Kresse wächst sehr schnell), oder man kauft ein Blümchen, das das Kind pflegen oder verschenken kann.

Raupe im Apfel

Material: festes Papier
grünes Papier
Klebstoff
Farben (möglichst nur rot, gelb und grün)
Faden und Nadel

Die Apfelschablone wird vergrößert und von den Kindern von beiden Seiten angemalt.
Die Eltern basteln die Raupe aus einer Hexentreppe.
Zwei etwa 50 cm lange und 2 1/2 cm breite, nach unten spitz zulaufende Streifen werden zugeschnitten. Sie werden wie in der Abb. a auf b geklebt, so daß sie nicht verrutschen können.

Nun wird b über a gelegt, dann wieder a über b usw.
Nach etwa fünf Faltungen wird der restliche Streifen
abgeschnitten, die fertige Hexentreppe mit Klebstoff
fixiert und auf den Apfel geklebt.
Der Kopf der Raupe wird auf die erste Faltung geklebt.
Der Rest des Streifens wird – wie zuvor beschrieben –
zur Hexentreppe gefaltet und auf die andere Seite des
Apfels geklebt.

Schmetterlinge

Material: Tonpapier
               Holzwäscheklammern
               Schere
               Klebstoff
               Farbe
               Nadel und Faden

Die Flügel werden im Faltschnitt geschnitten. So bekommen sie garantiert die gleiche Form (siehe Abb.).
Die Kinder können die Form nun bunt bedrucken oder
bemalen.
Die Holzklammer wird auseinander genommen, und
die Flügel werden zwischen die glatten Seiten der
Klammer (Klammer = Rumpf) geklebt.
Der Faden wird vorne und hinten mit in den Rumpf
geklebt.

Sets

Material: festes Papier
Schere
selbstklebende,
durchsichtige Folie
Farbe

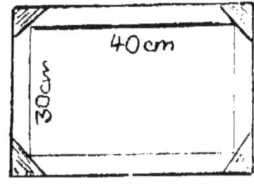

Für die bunten Sets sind alle genannten Maltechniken geeignet.
Das Papier wird ca. auf 40 cm x 30 cm zugeschnitten.
Wenn die Farben getrocknet sind, überzieht man das Set mit der Folie. Die Folie muß an allen Seiten jeweils ca. 2 cm überstehen. Die gestrichelten Dreiecke werden abgeschnitten, und die überstehende Folie wird nach hinten gefaltet.

Blumenstrohhalm

Material: Papier
Schere
Knickstrohhalme
Tesafilm
Farben

Die Blüte wird nach dem Muster gefaltet und ausgeschnitten, danach bunt angemalt. Mit einem Streifen Tesafilm wird sie unterhalb des Knickes an den Strohhalm geklebt.

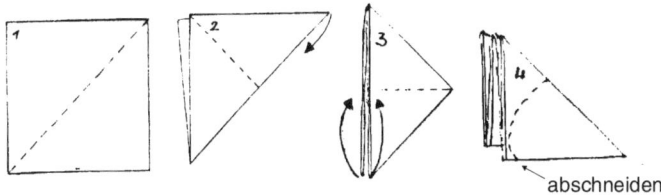

abschneiden

Indianderstirnband

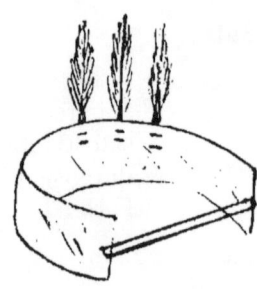

Material: festes Papier
        Hutgummi
        Schere
        Klebstoff
        Federn
        Heftklammern
        Farbe

Aus dem Papier wird ein etwa 30 cm langer und 10 cm breiter Streifen ausgeschnitten. Die Kinder bemalen oder bekleben das Band. An der gestrichelten Linie wird es geknickt, und die Federn werden dazwischen geklammert. Die Innenseiten werden zusammengeklebt. An jedem Ende wird ein Gummiband durchgezogen und das Stirnband am Kopf angepaßt.

Zauberhut

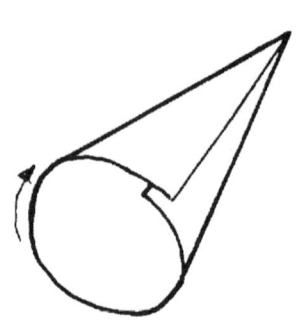

Material: festes Papier
oder Karton
Bleistift und Faden
Schere
Heftklammern
Klebstoff oder Tesafilm
Band oder Hutgummi
Farbe oder buntes Papier

Der Hut wird – wie auf der Abbildung gezeigt – zugeschnitten. Die Kinder können ihn bemalen oder bekleben. Dann wird der Karton zu einer Tüte gerollt, und die beiden Enden werden mit einer Heftklammer befestigt.
Die Naht wird zusätzlich mit Klebstoff oder Tesafilm

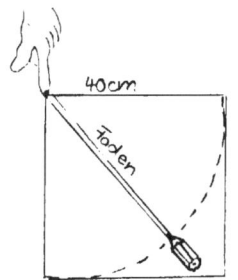

festgeklebt. Damit die Kleinen den Hut halten können, befestigt man an beiden Seiten mit Heftklammern noch ein Hutgummi oder ein Band. Jetzt kann gezaubert werden.

Ballhäuser oder Garagen

Material: leere Schachteln oder Kartons
Schere
Klebstoff
dicke Pinsel
Farbe
Softbälle zum Spielen oder
kleine Spielautos

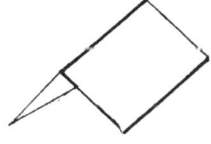

Die gestrichelten Flächen werden abgeschnitten, und die hochstehenden Seiten nach innen umgeklappt (siehe Abb.). Ein Stück Karton wird ausgeschnitten, wie ein Dach geknickt und auf die umgeklappten Seiten geklebt.
Die Tür muß so groß ausgeschnitten werden, daß der Softball leicht durchrollen kann. Der Boden sollte entfernt werden, damit die Bälle besser hineinrollen.
Nun wird das Haus bunt angemalt.

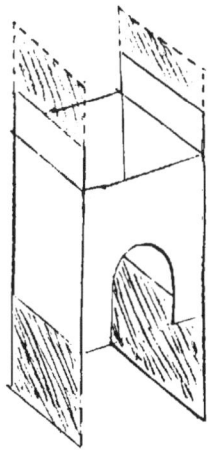

Kartonhäuser

Material: großer Karton (z.B. Fernseh- oder Umzugs-
karton)
scharfes Messer
Wachsmalbirnen oder -stifte

In den Karton werden eine Tür und Fenster geschnitten.
Das Dach kann wie bei den Ballhäusern gearbeitet
werden. Ein Flachdach ist jedoch stabiler.
Die Kinder können es nun bemalen. Dieses Spielhaus
kann lange „bewohnt" und immer wieder neu bemalt
werden.

Kartontiere

Material: Schuhkartons
festes Papier
Schere
dicker Wollfaden oder Packband
Klebstoff
Farben
Pinsel
Ball

Für die kleinen Kinder eignen sich besonders die Tiere,
die eine klare Farbe (z.B. Löwe [gelb], Maus [grau],
Schwein [rosa], Marienkäfer [rot]) und eine einfache
Form haben.
Während die Kinder den Karton anmalen, schneiden
die Eltern Ohren, Füße, Schwanz und was das Tier sonst
noch auszeichnet aus. Diese Teile werden angeklebt.
Eine Schnur wird durch den Kopf gezogen und von
innen verknotet. Wenn man einen Ball unter den Karton
legt und die Kinder an der Schnur ziehen, kann das Tier
laufen.
Und nun auf zum großen Tierwettrennen!

Luftballon mit Füßen

Material: Luftballons
dünner Karton
Schere
Farbe (vorher ausprobieren, ob sie auf dem
Ballon haftet)

Das Kind stellt sich mit beiden Füßen auf den Karton.
Der Erwachsene umrandet beide Füße mit dem Stift und
schneidet sie aus. Füße und Luftballon werden angemalt.
In die Mitte der Pappfüße kommt ein Loch, durch das
der Knoten des aufgeblase-
nen Luftballons gesteckt
wird.
Wirft man den Luftballon
fort, landet er immer auf
seinen Füßen.

Fingerkasper

Material: Papprolle vom Toilettenpapier
ca. 30 cm x 30 cm einfarbiger Baumwollstoff
rosa Papier
Filzreste
Schere
Klebstoff
Wasserfarbe
dicke Borstenpinsel
Batikrahmen oder Obstkiste
Heftzwecken
Fön

Der Stoff wird mit Heftzwecken auf den Batikrahmen oder eine Obstkiste gespannt. Die Kinder können ihn dann mit Wasserfarbe anmalen. In der Zwischenzeit bekleben die Eltern die Rolle mit dem Papier und malen auf das obere Drittel ein lustiges Kaspergesicht.
Ein Viertel eines Kreises wird aus Filz ausgeschnitten und zu einer spitzen Mütze so zusammengeklebt, daß diese genau auf die Rolle paßt.
Der Stoff wird trockengefönt. Er wird in der Mitte kreuzweise eingeschnitten und über die Rolle gestülpt. Eventuell muß er ein wenig festgeklebt werden.
Der Kasper wird auf die Finger gesetzt:

Guten Tag meine Damen und Herrn,
habt ihr alle den Kasper gern?

(Weiter, siehe Seite 83)

Ballonfahrer

Material: 1 DIN A3 Bogen Tonpapier
1 Dessertteller
Bleistift
Schere
Klebstoff
Käseschachtel
Nadel und Faden
Farbe

Für den Ballon werden aus dem Tonpapier zwei Kreise ausgeschnitten. Der Dessertteller dient als Schablone.
Die Kreise werden bemalt und dann zusammengeklebt.
Die Käseschachtel dient als Gondel, sie kann ebenfalls bemalt werden.
Vier gleichlange Fäden werden in etwa gleichem Abstand durch die Schachtel gezogen und alle zusammen am Ballon befestigt.
Ein Lego- oder Playmobilmännchen kann Platz nehmen.

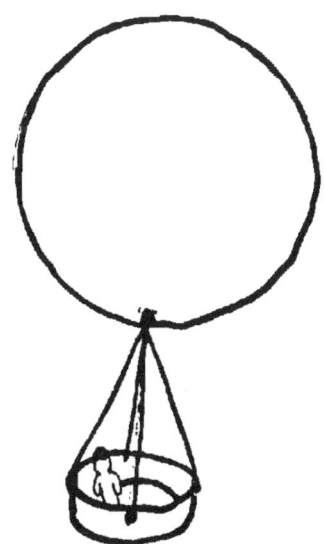

Eierkartonschiff

Material: Eierkartons
Papprolle vom Toilettenpapier
Watte
Farben
Klebstoff
Schere

Der obere Teil des Eierkartons wird abgeschnitten. Er
wird nicht mehr gebraucht. Der untere Teil wird von den
Kindern bunt bemalt. Am besten eignen sich Finger-
oder Wasserfarben, sie ziehen schnell in die Pappe ein.
Die Papprolle wird als Schornstein aufgeklebt, und die
Watte ist der Qualm.
Duplo- oder Playmobilmännchen spielen gerne die Pas-
sagiere.
Eine blaue Folie eignet sich als Meer.

Vogelhäuschen

Material: Papprolle vom Toilettenpapier
Papier zum Bekleben und fürs Dach
Tonpapierreste
Schere
Klebstoff
Nadel und Faden

Die Rolle wird mit Zeichenpapier beklebt. Ein Kreis, der etwas größer als die Rolle ist, wird ausgeschnitten.
Beides kann nun buntgemalt werden.
Das Vögelchen dient als Schablone und wird auf Tonpapier übertragen. Die Rolle wird zweimal im Abstand von einem cm eingeschnitten und der Streifen im rechten Winkel zur Rolle geklappt (siehe Abb.). Darauf wird das Vögelchen geklebt.
Der Kreis wird bis zur Mitte eingeschnitten, zu einem Kegel zusammengeklebt und als Dach auf die Rolle gesetzt.
Das Vogelhäuschen kann man hinstellen, aber auch aufhängen, indem man einen Faden durch das Dach zieht.

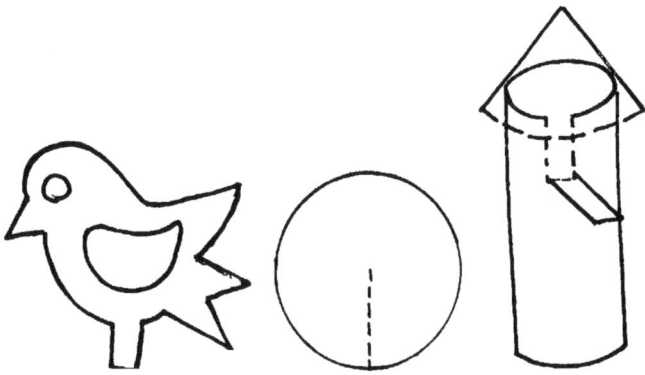

Wundertüte

Material: Filzstifte
Filtertüte
Glas
Glasteller mit Wasser

Die Filtertüte wird buntgemalt, über ein Glas gestülpt und in den Teller mit Wasser gestellt. Das Wasser steigt langsam auf.
Es ist herrlich anzusehen, wie sich die Farben verändern, dies ist genauso spannend wie das Malen selbst.

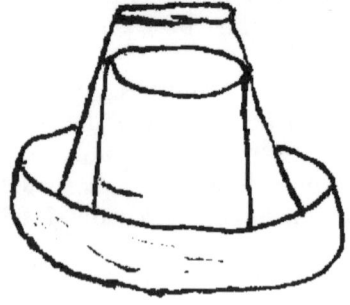

Jahreszeitliches Basteln

Küken im Ei

Material: leeres aufgeschlagenes Ei
gelbe Watte oder
gelbe ungesponnene Schafwolle
schwarze und rote Tonpapierreste
Moos
Käseschachtel
Schere
Klebstoff

Gemeinsam sammeln
wir Moos, legen es in die
Käseschachtel und legen
das aufgeschlagene Ei
darauf. In die eine Hälfte kommt die Watte oder Woll-
kugel, die andere bleibt leer.
Einen kleinen Schnabel und zwei kleine Augen kleben
die Eltern auf.
Das Küken ist gerade geschlüpft.

Blumendeckchen

Material: Tortenspitze
Blumenkataloge
Schere
Klebstoff

Aus einem Blumenkatalog schneiden oder reißen die
Kinder Blumen aus. Diese werden in die Mitte der
Tortenspitze geklebt. Mit Folie überzogen sind diese
Deckchen besonders lange haltbar.

Bunter Vogel

Material: festes Papier
bunte Kataloge
Schere
Klebstoff (Kleister)
Nadel und Faden
Schälchen für die Schnipsel

Die Vogelabbildung dient als Schablone, sie muß nur
vergrößert werden.
Aus einem Katalog werden bunte kleine Schnipsel geschnitten oder gerissen und in das Schälchen gelegt.
Für den Schwanz kann man auch lange Streifen schneiden.
Der Vogel wird von beiden Seiten mit den Schnipseln
beklebt.
Es sieht schön aus, wenn die Kopfpartie frei bleibt.

Sonnenblume

Material: gelbes und braunes Tonpapier
gelbe und grüne Finger- oder Wasserfarbe
Klebstoff
Schere
Nadel und Faden zum Aufhängen

Aus braunem Tonpapier werden zwei Kreise (Blüten-
mitte) und aus dem gelben Tonpapier die Blütenblätter
ausgeschnitten.
Die Kinder tauchen ihre Finger in die Farbe und betup-
fen damit die braunen Kreise. Wird Wasserfarbe verwendet, so muß diese vorher angefeuchtet werden.
Zwischen die getrockneten Kreise werden die Blütenblätter geklebt. Mehrere Blumen am Fenster oder frei
im Raum aufgehängt ergeben ein schönes Bild.

Laterne aus Transparentpapier

Material: buntes Transparentpapier
Kleister und Klebstoff
dicker Pinsel
runde Käseschachtel
Schere

Die Kinder zerreißen buntes Transparentpapier in viele
kleine Stückchen. Ein Streifen helles Transparentpapier
(Höhe ca. 10–15 cm Länge entsprechend der Schachtel)
wird eingekleistert (am besten von einem Erwachsenen). Jetzt können die Schnipsel aufgeklebt werden.
Wenn der Streifen getrocknet und gebügelt ist, wird er
um die Schachtel geklebt.

Herbstbaum

Material: getrocknete Blätter
großer Bogen Papier (z.B. Tapete)
braune Wasserfarbe
dicke Pinsel
Wasserbehälter und Lappen
Kleister

Die Herstellung dieses Baumes ist eine Gemeinschafts-
arbeit und erfolgt in zwei Arbeitsschritten.
1.) Auf einem Spaziergang werden Blätter gesammelt,
die anschließend gepreßt werden. Sie müssen einige
Tage trocknen.
2.) Ein bis drei Kinder malen einen dicken Stamm auf
das Papier.
Dann dürfen die Kinder die Blätter von einer Seite
einkleistern und auf das Papier kleben. Alle Blätter
zusammen ergeben die Baumkrone.

Herbstgesteck

Material: Scheibe von einem Baumstamm
(Der Schreiner schneidet die Scheiben zu.)
Knetmasse
Herbstfrüchte (z.B. Kastanien, Eicheln,
Bucheckern, -hülsen, Hagebutten)
Tannenzapfen
Ähren
trockene Äste und Tannenzweige
kleine Steine

Die Knetmasse wird fest auf die Scheibe gedrückt. Das
Herbstmaterial kann gemeinsam gesammelt werden,
oder jeder bringt mit, was er findet. Die Kinder können
alles, was sie schön und interessant finden, in die Knetmasse drücken.

Als Knetmasse kann man verwenden: fertige Knete aus dem Bastelgeschäft, Knetmasse aus dem Blumenladen, Ton oder eine Mischung von Sand und Kleister (braucht lange, bis es trocken ist).

Schneewolke

Material: weißes Tonpapier
            Watte
            weißes Nähgarn
            stumpfe Nadel
            Schere
            Klebstoff

Aus Tonpapier wird eine Wolke ausgeschnitten.
Die Kinder machen kleine Wattebäusche und kleben einige auf die Wolke. Die anderen werden als Schnee-flocken aufgefädelt. Zwischen jedem Wattebausch soll-te ein Abstand von 10 bis 15 cm blei-ben. Etwa sechs Watteketten wer-den im Abstand von ca. 8 cm an ei-ner Seite der Wolke befestigt. An der gegenüberliegen den Seite befestigt man einen Faden zum Aufhängen. Sowohl eine Wolke als auch mehrere nebeneinander se-hen sehr reizvoll aus.

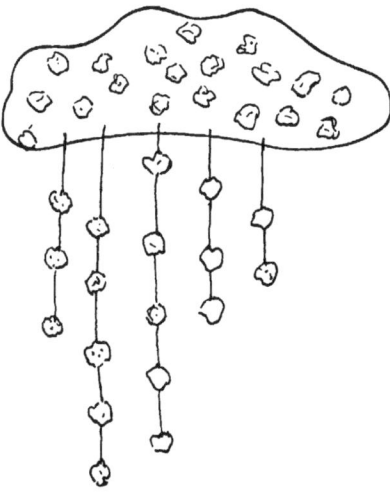

Schneemann

Material: weißes Tonpapier
rote und schwarze Tonpapierreste
Watte
Klebstoff
weißes Nähgarn zum Aufhängen
Schere

Aus Tonpapier werden verschieden große Schneemänner ausgeschnitten. Die Kinder machen nun wie bei der
Schneewolke kleine Wattebäusche und kleben diese
auf den Schneemann. Aus schwarzem Tonpapier werden der Hut und die Augen ausgeschnitten und aufgeklebt. Variationsmöglichkeiten gibt es viele. Der
Schneemann kann auch noch mit Knöpfen, einem Be-
senstiel oder einem Schal ausgestattet werden.
Durch den Kopf oder den Hut wird ein Faden gezogen
und der Schneemann aufgehängt.

Schaf aus Watte oder Naturwolle

Material: Ungesponnene Schafswolle oder Watte
feste Pappe
Klebstoff
Schere
Stift für Augen und Nase

Das Schaf wird nach der Abbildung zweimal ausgeschnitten und zusammengeklebt. Die Füße werden
nicht zusammengeklebt, sondern ein wenig auseinan-
dergebogen, damit das Schaf besser stehen kann.
Die Kinder bekleben den Körper des Schafes mit der
Wolle oder Watte. Die Kopfpartie bleibt frei.
Die Eltern kleben die Ohren an und malen noch Augen
und Nase auf.

Die Schafe können auch als Mobile verwendet werden. Dann müssen sie nur einmal ausgeschnitten, aber von beiden Seiten beklebt werden.
Während die Kinder Schafe bekleben, können die Eltern einen Hirten basteln.

Hirte (nur vom Erwachsenen herzustellen)

Material: Verschiedenfarbiges Tonpapier
Klebstoff
Nadel und Faden
Schere

Die einzelnen Teile werden nach der Schablone ausgeschnitten und zusammengeklebt.

Vorlage muß auf 200% vergrößert werden!

Tannenbäume

Material: grünes Tonpapier
Goldpapierreste
Klebstoff
Schere
Nadel und Faden

Die Baumabbildung dient als Schablone, sie kann beliebig vergrößert werden.
Die Kinder schneiden aus dem Goldpapier Sterne, Kugeln oder aber auch nur einfach Schnipsel aus.
Diese kleben sie dann auf die fertig vorbereiteten Tonpapierbäume.
Jeweils zwei Bäume werden zu einem zusammengesetzt. Sie werden der Länge nach in der Mitte geknickt, dann wird der eine von oben nach unten und der andere von unten nach oben bis zur Mitte eingeschnitten, und beide werden ineinander geschoben.
Durch die Spitze zieht man einen Faden zum Aufhängen.
Bei größeren Bäumen empfiehlt es sich, sie nicht einzuschneiden, sondern jeweils zwei an der mittleren Knicklinie zusammenzunähen. Schneewolken, Schneemänner und Tannenbäume ergeben zusammen ein wunderschönes Winterbild.

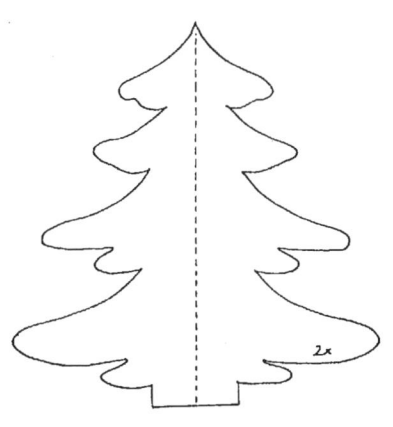

Weihnachtsstern

Material: Tonpapier
Seidenpapier
Klebstoff
Schere

Die Eltern schneiden aus Tonpapier einen Stern doppelt aus (siehe Abb.). Die Kinder bekleben ein Stück helles Seidenpapier mit vielen kleinen Seidenpapierschnipseln, die sie vorher selbst kleingeschnitten oder -gerissen haben. Wenn Kleister zum Kleben verwendet wird, sollte man das Papier nach dem Trocknen bügeln.
Das bunt beklebte Seidenpapier wird zwischen den Stern geklebt und zurechtgeschnitten.
Je größer die zu beklebende Fläche, um so einfacher ist es für das kleine Kind.

Goldstern

Material: Goldpapier oder Goldfolie
Pichelnadeln mit Unterlagen
Schere
Nadel und Faden

Die Eltern schneiden aus Goldpapier oder -folie einen Stern aus. Die Kinder dürfen nun soviel Löcher in den Stern picheln, wie sie wollen.
Diese Sterne sehen nicht nur aufgehängt am Fenster gut aus; ein kleiner Pichelstern, an ein Teelicht geklebt, ergibt ein wunderschönes Licht.

2×

nähen

2×

Vorlage muß auf 200% vergrößert werden!

Fingerspiele und Bewegungslieder

Fingerspiele verstehen die Kinder schon sehr früh. Durch das Zuschauen und Mitspielen wird die frühe Form der Kommunikation gefördert, sowohl zwischen Kind und Erwachsenem als auch zwischen den Kindern untereinander.

Ebenso fördern Fingerspiele die Sprachentwicklung und regen die Phantasie an.

Zunächst genügt es, wenn das Kind zuschaut und dann später erst die Bewegungen mitspielt. Durch das ständige Wiederholen beginnen die Kinder dann die Reime und Worte nachzusprechen.

Einen besonderen Reiz erhalten die Fingerspiele durch Finger- oder Handpuppen. Das Interesse und die Aufmerksamkeit werden gesteigert.

Fingerspiele haben eine alte Tradition; leider hat man ihnen lange keine besondere Bedeutung zugesprochen. Da sie meistens mündlich überliefert wurden, gibt es immer wieder kleinere Abweichungen. Ich habe sie so übernommen, wie sie sich in meiner Arbeit bewährt haben. Jeder, der ein Fingerspiel mit den Kindern spielt, sollte es auswendig können. Ausdrucksstärke, Stimmlage, Gestik und Mimik sollte dem Inhalt des Textes angepaßt sein.

Es geht eine Maus

Es geht eine Maus die Treppe rauf,
was will sie haben?
– Speck –

Mit den Fingern am Bein des Kindes hochklettern, bis zum Bauch. Hier kitzelt man.

Kleine Schnecke
(Melodie „Bruder Jakob")

Kleine Schnecke, kleine Schnecke
krabbelt rauf, krabbelt rauf,
krabbelt wieder runter, krabbelt wieder runter,
kitzelt an dem Bauch, kitzelt an dem Bauch.

Mit den Fingern langsam an dem Bein des Kindes
hochklettern, bis zum Bauch und wieder zurück krabbeln.
Bei der letzten Zeile am Bauch kitzeln.

Es fliegt ein Vogel

Es fliegt ein Vogel ganz allein.
Da kommt sein Freund, nun sind sie zu zwei'n.
Sie fliegen auf, sie fliegen nieder,
sie tun es beide immer wieder,
Sie picken Körner, eins, zwei, drei.
Sie fliegen fort, an uns vorbei,
doch wird es Abend, dann fliegen sie heim
und machen zu ihre Äugelein.

Die Finger der linken Hand bewegen sich zuerst alleine, dann kommt die rechte Hand dazu. Beide bewegen
sich nach den entsprechenden Worten in der Luft. Dann
machen sie Pickbewegungen auf dem Tisch oder dem
Schoß, fliegen wieder hoch, und zuletzt werden sie zu
Fäusten geballt und auf den Schoß gelegt.

Der Bär, die Maus, der Floh

Kommt ein Bär,
der tritt schwer.
Kommt eine Maus,
die will nach Haus.
Kommt ein Floh,
der macht – so.

Am Handgelenk zu krabbeln beginnen, zunächst langsam, dann schnell. Bei „so" plötzlich mit dem Zeigefinger auf die Nase springen und kitzeln.
Wenn man es am Tisch spielt: Erst mit der flachen Hand
auf dem Tisch tapsen (Bär), dann mit den Fingern
schnell über den Tisch laufen (Maus). Zum Schluß hüpfen die Finger zu einem, der in der Nähe sitzt, und
kitzeln ihn (Floh).

Viele Bäume stehn im Kreise

Viele Bäume stehn im Kreise,
die Luft bewegt sie leise, leise,
da kommt der Wind gezogen,
der hat die Bäume gebogen,
der Sturmwind bricht die Bäume um,
die Blätter tanzen im Kreise herum,
und ist der Sturmwind wieder fort,
stehen alle Bäume an ihrem Ort.

Der Unterarm ist der Baum , die Finger sind die Zweige.
Die Finger bewegen sich zunächst nur ganz vorsichtig.
Bei „Wind" kann man blasen, und die Finger und der
Unterarm bewegen sich heftiger. Bei „Sturmwind" fal-
len die Arme auf den Schoß, und die Finger bewegen
sich und spielen die Blätter. Zum Schluß stehen die
Bäume wieder wie am Anfang.

Das schiefe Häuschen

Mein Häuschen ist nicht grade,
das ist aber schade!
Mein Häuschen ist ein bißchen krumm,
das ist aber dumm!
Huu – bläst der Wind herein –,
bumms – fällt das ganze Häuschen ein!
1, 2, 3, schaut her, schaut, schaut!
Jetzt ist es wieder aufgebaut!

Hände gegeneinander halten, ein Dach bilden. Dieses
schräg halten, hineinpusten und es dann ganz umfallen
lassen.
Bei 1, 2, 3, … wieder ein „Dach" mit den Händen bilden.

Zehn kleine Zappelmänner
(Melodie „Zehn kleine Negerlein")

Zehn kleine Zappelmänner zappeln hin und her,
zehn kleinen Zappelmännern fällt das gar nicht schwer.
Zehn kleine Zappelmänner zappeln auf und nieder,
zehn kleine Zappelmänner tun das immer wieder.
Zehn kleine Zappelmänner zappeln rundherum,
zehn kleine Zappelmänner sind ja gar nicht dumm.
Zehn kleine Zappelmänner spielten mal Versteck,
zehn kleine Zappelmänner sind auf einmal weg.
Zehn kleine Zappelmänner rufen laut hurra!
Zehn kleine Zappelmänner sind schon wieder da.

Mit den Fingern Zappelbewegungen entsprechend
dem Text ausführen. Bei „sind auf einmal weg" die
Finger auf dem Rücken verschwinden lassen, in der
nächsten Zeile wieder hervorholen und in der letzten
noch einmal zappeln.

Zwei Tauben

Zwei Tauben sitzen auf einem Dach
die eine fliegt fort, die andre fliegt fort,
die eine kommt wieder, die andre kommt wieder,
da sitzen die beiden wieder.

Die Zeigefinger sind die Tauben. Sie bewegen sich
nacheinander frei in der Luft (fliegen), dann lassen sie
sich auf dem Schoß wieder nieder.
Das Spiel läßt sich auch gut am Tisch spielen.

Klein Häslein

Klein Häslein wollt spazieren gehn,
spazieren ganz allein,
da hat's das Bächlein nicht gesehn,
und plumps, fiel es hinein!

Das Bächlein trieb's dem Tale zu,
dort wo die Mühle steht,
und wo sich ohne Rast und Ruh
das große Mühlrad dreht.

Ganz langsam drehet sich das Rad
fest hielt's der kleine Has,
und als er endlich oben war,
sprang er ins grüne Gras.

Das Häslein lief geschwind nach Haus,
vorbei war die Gefahr,
Die Mutter klopft das Fell ihm aus,
bis daß es trocken war.

Zeige- und Mittelfinger klettern den Arm hoch und
fallen herunter.
Bei „Bach" beschreiben die Hände Wasserwellen, die
Hände überkreuzt ergeben die Mühle. Das Mühlrad
wird dargestellt, indem die Unterarme sich umeinander
drehen. Zeige- und Mittelfinger springen wieder auf die
Hand und über den Arm.
Die beide Finger werden wieder von der anderen Hand
geklopft.

In unserm Häuschen

In unserm Häuschen
sind schrecklich viel Mäuschen
sie trippeln und trappeln,
sie zippeln und zappeln,
sie stehlen und naschen,
und will man sie fangen,
husch, sind sie alle weg.

Alle Finger krabbeln über die Tischplatte oder über die
Arme. Bei „Husch" sind sie schnell hinterm Rücken.
Sie können aber noch einmal wiederkommen.

Die Fliege

Eine kleine Fliege summt
auf und ab im Zimmer.
Brummt und summt und
summt und brummt:
s s s s s s s s s,

hin und her gehts immer.
Plötzlich sitzt sie still und stumm
auf der Blumenvase,
dann geht's weiter mit Gesumm,
dir grad auf die Nase.

Der Zeigefinger der rechten Hand beschreibt die Flug-
bewegung der Fliege. Die Faust der linken Hand ist die
Vase, der rechte Zeigefinger setzt sich darauf.
Zum Schluß tupft der Finger auf die Nase.

Wie das Fähnchen auf dem Turme (singen)

Wie das Fähnchen auf dem Turme
sich kann drehn bei Wind und Sturme,
so sollen sich meine Händchen drehn
daß es eine Lust ist anzusehn.
Falalalalala lalala,
falalalalala lalala.

Die Hände drehen sich wie ein Fähnchen hin und her.
Bei „Falala..." wird in die Hände geklatscht.

Gewitter

Es tröpfelt – es regnet –
es gießt – es hagelt –
es blitzt – es donnert –
und alle Leute
laufen schnell nach Haus!
Und morgen scheint die liebe Sonne wieder.

Die Gewittergeräusche werden auf der Tischplatte nachgemacht. Zuerst langsam, dann immer schneller klopfen, die Handflächen patschen auf den Tisch, die Knöchel kommen als Hagel hinzu. Zischgeräusche und Blitz mit einem Finger in die Luft malen, beide Fäuste donnern lassen, dann verschwinden die Hände auf dem Rücken. Zuletzt wird mit beiden Händen ein großer Kreis gezeigt.

Das Büblein (Friedrich Güll)

Steigt ein Büblein auf den Baum,
ei so hoch man sieht es kaum.
Hüpft von Ast zu Ästchen,
schlüpft ins Vogelnestchen.
Hui, da lacht es,
hui, da kracht es!
Plumps, da liegt es unten!

Der linke Unterarm ist der Baum, die Finger werden gespreizt, sie sind die Zweige. Die andere Hand ist das Büblein, das am Baum emporklettert und von Finger zu Finger springt. Die linke Hand bildet ein Nest, die andere legt sich da hinein. Bei „plumps" läßt man beide Hände schnell auf den Schoß fallen.

Schweinchen fett und Schweinchen dick

Schweinchen fett und Schweinchen dick
blieben heut allein zurück.
Hinterm Tore warten sie
auf ihr Futter, satt sind sie nie.

Schweinchen fett und Schweinchen dick
recken sich ein ganzes Stück
hinterm Tore in die Höh'.
„Noch kein Futter da? Oh weh!"

Schweinchen fett und Schweinchen dick
ziehen traurig sich zurück.
Doch da öffnet sich das Tor,
und sie stürzen schnell hervor.

Schweinchen fett und Schweinchen dick,
welche Wonne, welch ein Glück!
Seht, ein voller Trog steht da,
mit dem saft'gen Futter da.

Schweinchen fett und Schweinchen dick,
in dem nächsten Augenblick
stürzen nach dem Trog sie hin:
Plumps, da liegen beide drin.

Die Handflächen werden gestreckt und so zueinander
gehalten, daß sich die Fingerspitzen berühren (Tor). Die
Daumen werden nach oben gestreckt, es sind die
Schweinchen. In Zeile 1–4 sind die Daumen unten,
recken sich dann langsam noch oben und in Zeile 9–10
wieder nach unten. Bei „öffnet" gehen die beiden
Handflächen auseinander, werden zur Faust mit dem
Daumen nach oben, und durch schnelle Bewegung
wird das Laufen der Schweinchen nachgemacht. In
Zeile 13 wird mit beiden Händen ein Trog gebildet, in
den die Daumen hineinfallen.

Himpelchen und Pimpelchen

Himpelchen und Pimpelchen
stiegen auf einen hohen Berg.
Himpelchen war ein Heinzelmännchen,
und Pimpelchen war ein Zwerg.
Sie blieben da oben lange sitzen
und wackelten mit ihren Zipfelmützen.
Doch nach vielen vielen Wochen
sind sie in den Berg gekrochen.
Sie schlafen dort in guter Ruh.
Sei mal still und hör gut zu:
Ch ch ch ch ch …

Kikerikie, kikerikie ! (Wird von einem Kind gerufen)
Heißa, heißa, heißassa,
Himpelchen und Pimpelchen sind wieder da! (Schluß
wird gesungen)

Hei-ßa , hei-ßa , hei-ßa- ßa ,Him-pel-chen und Pim-pel-chen sind wie-der da !

Beide Fäuste recken die Daumen nach oben, dann
abwechselnd die linke und die rechte Faust nach oben
bewegen. Über dem Kopf Fäuste aneinanderlegen und
erst mit dem linken, dann mit dem rechten Daumen
wackeln (Wackeln der Zipfelmützen). Daumen in die
Fäuste ziehen und Geräusche des Schlafens nachmachen.
Nach dem „Kikerikie" den Schlußvers singen und klatschen.

Sonnenkäfer (mit Melodie)

Erst kommt der Sonnenkäferpapa,
dann kommt die Sonnenkäfermama.
Und hinterdrein, ganz klitzeklein,
die Sonnenkäferkinderlein

Sie haben rote Röckchen an
mit vielen schwarzen Punkten dran.
So machen sie den Sonntagsgang
auf unsrer Fensterbank entlang.

Sie wollen auf die Wiese gehn
und all die schönen Blumen sehn.
Sie tanzen ihren Ringelreih'n
zuerst allein und dann zwei'n.

Nun muß das Lied zu Ende sein,
denn müde sind die Käferlein.
Sie breiten ihre Flügel aus
und fliegen alle schnell nach Haus.

Zeige- und Mittelfinger der Hände sind Sonnenkäferpapa und -mama, die Kinder sind alle Finger. Sie krabbeln am Kind rauf und runter. Der Text beschreibt die
Bewegungen.

Kasperlespiel

S – S – S – S …(Vorhang)
Guten Tag, meine Damen und Herrn,
habt ihr alle den Kasper gern?
Da hol ich mir den Seppel gleich,
wir machen miteinander manch lustigen Streich.
Wir schlagen uns,
und wir vertragen uns.

Da kommt das große Krokodil,
mit seinem Maul da frißt es viel.
Es hat sich leise hingeduckt
und hat den Kasper halb verschluckt.
Der ruckt und zuckt
und ei der Daus,
er zappelt wirklich wieder raus.
Nun gehts dir schlecht, du Krokodil,
marsch marsch hinunter in den Nil.

Da kommt die Hexe Höckerbein,
he Kasper, du sollst verzaubert sein.
Hexe, nein da wird nichts draus,
marsch marsch mit dir ins Hexenhaus.
Da hol ich mir lieber mein Gretelein
komm Gretel, wir wollen lustig sein.

Jetzt tanzt Kasperle, jetzt tanzt Kasperle,
jetzt tanzt Kasperle mit seiner lieben Frau.

Er tanzt rechts herum, er tanzt rechts herum,
er tanzt rechts herum und sie tanzt gradeaus.

Er hat 'ne Zipfelmütz, er hat 'ne Zipfelmütz
er hat 'ne Zipfelmütz und sie ein Kopftuch um.

Er hat 'ne lange Nase (3x)
und sie ein schief Gesicht.

Er hat große Ohren (3x),
und sie hat krumme Bein.

Ab „jetzt tanzt" wird das Fingerspiel gesungen.

Daumen und Zeigefinger legt man aneinander und tut
so, als ob man einen Vorhang zur Seite schiebt.
Der linke Zeigefinger ist der Kasper, er wackelt beim
Reden. Der rechte Zeigefinger spielt zuerst den Seppel.
Beide zappeln und machen die entsprechenden Bewe-
gungen des Textes nach. Dann wird mit der rechten
Hand ein Maul dargestellt, mit dem der Zeigefinger
(Kasper) geschnappt wird. Der Zeigefinger befreit sich
und haut die andere Hand, sie verschwindet auf dem
Rücken.
Der rechte Zeigefinger kommt gekrümmt zurück
(Hexe). Hexe droht, Kasper droht ebenfalls und stößt die
Hexe zurück. Die Hand verschwindet hinter dem Rük-
ken. Der Kasper ruft die Grete, diese wird vom Zeige-
finger der rechten Hand gespielt.
Beide Finger tanzen und umschlingen sich.

Jetzt tanzt Kas-per-le ³ˣ mit sei-ner lie-ben Frau.

Jetzt beginnt das Tanzlied:
Zeile 1–2: Die beiden Zeigefinger bewegen sich mit
Kreisbewegungen im Takt des Liedes.
Zeile 3–4: Der linke Finger dreht sich rechts herum, mit
dem rechten macht man eine Vorwärtsbewegung.
Zeile 5–6 deutet man mit beiden Händen eine spitze
Mütze an und streicht am Kopf herunter (Tuch).
Zeile 7–8: Beide Hände werden gespreizt aneinander
an die Nase gehalten und der Kopf schief gehalten.
Zeile 9–10: Mit den Händen werden große Ohren ange-
deutet und die Beine krumm gestellt.

August Fridulin

Ich heiße August Fridulin
und bin ein kleiner Pinguin.
Refrain: Wadi – wap – wap – wap,
wadi – wap – wap – wap,
klatsch, klatsch.

Sich vorstellen,
beim Refr. Hände
wie einen Schnabel
auf und zu
machen und
klatschen

Und meine Frau heißt Wuliwisch,
sie schwimmt im Wasser wie ein
Fisch.
Refrain: Wadi –wap …

Hände zusammen-
legen und Fisch-
flosse nachmachen

Wir haben auch viele Kinderlein
die watscheln lustig hinterdrein.
Refrain: Wadi – wap – wap …

Mit dem ganzen
Körper wackeln

Und wollt ihr uns mal sehn so
froh, dann geht mal wieder in
den Zoo.
Refrain: Wadi – wap …

Klatschen

Die Bewegung des Refrains bei jeder Strophe wiederholen.

Patsch und Pfote
(Melodie: „Ein Vogel wollte Hochzeit machen" v. P. Kirsch)

Seht, Patsch und Pfote ha'm Geschick!
Hört her, jetzt machen sie Musik.   *klatschen*
Refrain: Fiderallalla...
Die Pfoten und die Patschen,
die könn'n im Rhythmus klatschen.   *klatschen*
Refrain: Fiderallalla...

Was machen Patsch und Pfote nu'?   *mit zugehal-*
Sie halten mir die Nase zu.   *tener Nase*
Refrain: Fiderallalla...   *singen*

Die Pfote und auch unser Patsch,   *Mit den Fin-*
die machen mit den Lippen Quatsch.   *gern die Lip-*
Refrain: Fiderallalla...   *pen„blub-*
     bern" lassen

Jetzt fällt mir was Besonderes auf,   *auf etwas*
gleich zeigen Patsch und Pfote drauf.   *Besonderes*
Refrain: Fiderallalla...   *zeigen*

Die Pfote sieht man traumverlor'n,   *Nase bohren*
manchmal in ihrer Nase bohr'n.   *und verträumt*
Refrain: Fiderallala...   *gucken*

Und kommt mein Onkel Ernst dazu,   *Mit dem Fin-*
dann sagt er immer: „Du – du – du"   *ger drohen*
Refrain: Fiderallalla...

Und gibt mein Onkel Ernst nicht Ruh,   *Ohren zuhal-*
dann halt ich mir die Ohren zu.   *ten*
Refrain: Fiderallalla...

Ja, Patsch und Pfote sind zwar lieb,
doch manchmal zeig'n sie dir 'n Piep!   *Vogel zeigen*
Refrain: Fiderallalla...

Und Ohren wie ein Hase …
und eine lange Nase …
Refrain: Fiderallalla…

*Mit den Hän-
den große Oh-
ren und lange
Nase machen*

Und kommt es vor, daß du dich haust,
sind Patsch und Pfote schnell 'ne Faust
Refrain: Fiderallalla…

*mit der Faust
drohen*

Doch Patsch und Pfote, fällt mir ein,
die können auch sehr zärtlich sein.
Refrain: Fiderallalla…

streicheln

Wenn juckt dein Kopf ganz fürchterlich,
gleich kratzen Patsch und Pfote dich.
Refrain: Fiderallalla…

*einen ande-
ren kratzen*

Die Rechte und die Linke,
die machen winke – winke.
Refrain: Fiderallalla…

winken

Nun müssen Patsch und Pfote gehn,
sie sagen euch „Auf Wiedersehn!"
Refrain: Fiderallalla…

*Händeschüt-
teln*

Hand- und Fingerpuppen

Viele dieser Fingerspiele erhalten einen besonderen Reiz durch verschiedenartige Handpuppen. Sie steigern das Interesse und die Aufmerksamkeit.
Sie sind alle leicht, schnell und ohne teures Material herzustellen.

Handpuppe aus Faust- oder Fingerhandschuhen

Material: dünne weiße Faust- oder Fingerhandschuhe
Wollreste
Knöpfe oder Perlen
Stoffmalstift
Nadel und Faden

Die Handschuhe werden mit Wolle (für die Haare) und Knöpfen oder Perlen (für Augen und Nase) benäht. Man kann auch ein Gesicht mit Stoffmalfarbe in die Handschuhinnenflächen malen.
(Diese Puppen sind besonders geeignet für das Spiel: („Patsch und Pfote")

Hände bemalen

Material: Fingerfarbe
oder gut deckende Wasserfarbe
Filzstift
eventuell Haarschleife

Die Finger werden mit dunkler Farbe bemalt, das sind die Haare. Mit einer Haarschleife können sie geschmückt werden.
In die Handinnenfläche wird ein Gesicht gemalt, am

besten mit Filzstiften.
Die Konturen kommen dabei besser heraus als mit Wasserfarbe.
Statt der Hände kann auch ein Operationshandschuh angemalt werden.
(Besonders geeignet für die Spiele: „Patsch und Pfote" und „Himpelchen und Pimpelchen".)

Fingerpuppe aus Filz

Material: Filz
Stoffmalstifte
Wollreste
Knöpfe, Perlen oder Glöckchen
Klebstoff

In der Größe des Fingers wird die Grundform hergestellt (siehe Abb.) und mit der Nähmaschine oder von Hand zusammengenäht. Das Gesicht wird mit dem Stoffmalstift aufgemalt oder mit Filzresten aufgeklebt. Verwendet man Knöpfe, Perlen, Schleifen oder Glöckchen, so muß man darauf achten, daß sie fest angenäht sind und nicht verschluckt werden können.
Zur Anschauung und zum Nachmachen hier ein paar Modelle:

Fingerpuppe gehäkelt oder gestrickt

Material: nicht zu dicke Wollreste
Häkel- oder Stricknadel Gr. 2–3
Knöpfe, Perlen, Glöckchen …

Für die Häkelpuppe werden etwa zwölf Maschen ange-
schlagen, zum Kreis geschlossen und mit festen Maschen etwa 5 cm gerade hoch gehäkelt. Dann beginnt
man mit der Fingerkuppe, indem man jede dritte bis
vierte Masche überschlägt. Die letzten Maschen werden dann zusammengezogen.

Die gestrickte Fingerpuppe wird wie der Finger eines
Handschuhs gearbeitet.

Hat man die Grundform hergestellt, kann man die Ge-
staltungsmöglichkeiten der Filzpuppe übernehmen.

Fingerpuppe aus Papier (Maus)

Material: graues und dickeres rosa Papier
Klebstoff
Schere
Filzstift

Nach der Schablone wird die Maus zugeschnitten.
Rumpf mit Schwanz und die Barthaare einmal, die Ohren zweimal Grau und zweimal Rosa zuschneiden. Ein 2 cm breiter Streifen wird von der Länge her dem Kinder- oder Erwachsenenzeigefinger angepaßt, zum Ring geschlossen und von der Rückseite an den Körper der Maus geklebt.
(Besonders geeignet für die Spiele: „In unserm Häuschen", „Zehn kleine Mäusekinder" und „Es geht eine Maus die Treppe rauf")

Waschhandschuhpuppen

Material: Frotteewaschhandschuh
Stoffmalfarben
Knöpfe, Perlen, Federn, Woll- und Stoffreste

Mit der Stoffmalfarbe wird ein Gesicht aufgemalt, es kann aber auch mit Knöpfen, Perlen und Stoffresten aufgenäht werden. Wollreste dienen als Haare.
Will man ein Tier herstellen, so kann man die Zipfel als Ohren abbinden oder -nähen.
Mit Bändern, Schleifen, Federn oder Glöckchen bekommt die Handpuppe eine individuelle Note.

August Fridulin

Material: Weiße Pappe
          schwarzes und rotes Tonpapier
          Holzwäscheklammer
          Klebstoff
          Schere

Die Füße werden doppelt, alle anderen Teile nur einmal nach der Schablone zugeschnitten.
Zuerst klebt man die Füße zwischen „Frack" und weißem „Bauch". Dann werden die schwarzen auf die weißen Teile geklebt. Der rote Streifen wird entsprechend der Linien geknickt und zwischen Kopf und Rumpf geklebt. Die Zunge wird im Mundteil festgeklebt. Auf der Rückseite befestigt man die Klammer. Sie klebt richtig, wenn sich der Mund mit ihrer Hilfe auf und zu machen läßt.

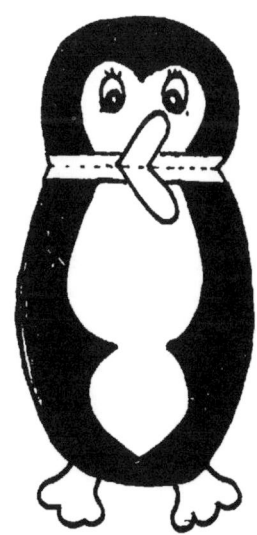

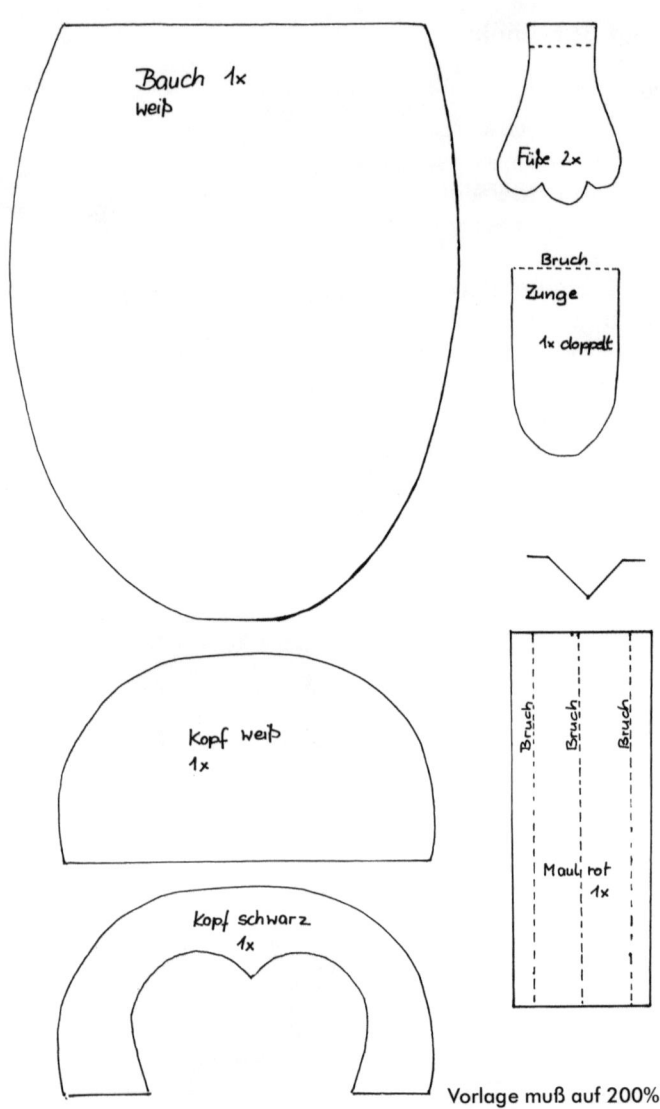

Bauch 1x
weiß

Füße 2x

Bruch
Zunge
1x doppelt

Kopf weiß
1x

Kopf schwarz
1x

Bruch Bruch Bruch

Maul rot
1x

Vorlage muß auf 200%
vergrößert werden!

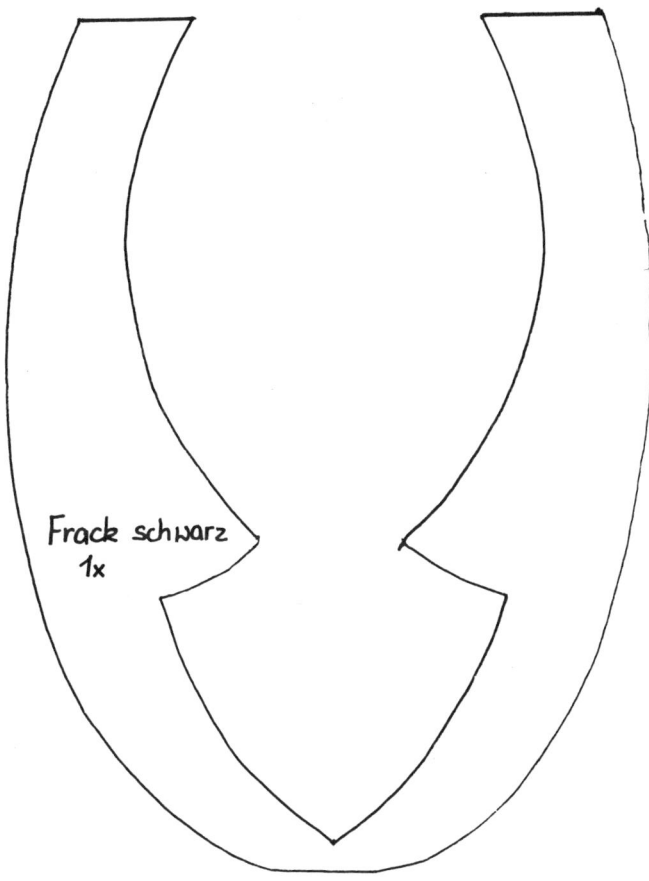

Frack schwarz
1x

Vorlage muß auf 200%
vergrößert werden!

Bewegungsspiele

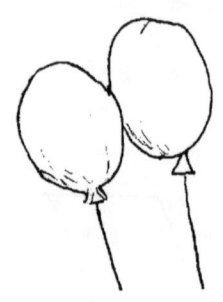

Spiele mit dem Luftballon

Luftballons sind ein beliebtes
Spielmaterial. Sie sind besonders für Gruppen mit einem
größeren Altersunterschied geeignet.
Da Luftballons sehr schnell platzen, müssen immer ge-
nügend davon zur Verfügung stehen, um Enttäuschun-
gen und Tränen zu vermeiden.

Ballon an der Schnur

Durch den Raum wird eine Schnur gespannt.
Die Luftballons werden verschieden groß aufgeblasen,
mit einem Band versehen und in unterschiedlichen Hö-
hen an die Schnur gebunden.
Viele Spielmöglichkeiten werden sicherlich von den
Kindern selbst erfunden.
Niedrighängende Luftballons laden zum Anschubsen
im Liegen mit den Beinen ein oder einfach zum Umlau-
fen; die etwas höheren zum Schlagen mit den Händen
und zum gegenseitigen Zuspiel; die kaum zu erreichen-
den zum Hüpfen.

Ballontennis

Einer oder mehrere Luftballons hängen an einem Band
von der Decke. Mit leichten Softtennisschlägern (es gibt
besonders kleine für Kinder) versuchen die Kinder den
Ballon zu treffen.
Zuerst sollte es jedes Kind für sich alleine ausprobieren.

Gelingt es, den Ballon zu treffen, können 2 oder mehrere Kinder zusammen spielen.

Ballonschwanz

An einen Luftballon wird ein Band gebunden, an dessen anderem Ende eine Büroklammer festgeknotet wurde. Mit der Büroklammer wird der Ballon an der Hose oder dem Rock der Mutter befestigt.
Die Kinder müssen versuchen, den Luftballon ihrer Mutter zu schnappen. Die Mutter darf weglaufen, den Ballon aber nicht festhalten. Dann werden die Rollen getauscht.
Eine andere Spielvariante ist: Alle Kinder spielen gegen alle Mütter.

Ballon auf dem Tuch

Mutter und Kind halten jeweils an den Zipfeln ein Halstuch oder eine Windel fest. Der Luftballon wird auf das Tuch gelegt, jetzt kann das Spielen beginnen:
- gehen und laufen, ohne daß der Ballon fällt
- hochwerfen und mit dem Tuch wieder auffangen
- wild mit dem Tuch wedeln, so daß der Ballon in der Luft bleibt
- vorsichtig den Ballon von der einen Seite des Raumes zur anderen transportieren
- über Hindernisse gehen, ohne daß der Ballon fällt
- Spielpaare bilden und sich gegenseitig den Ballon zuspielen und auffangen

Ballonbett

Viele nicht zu stramm aufgeblasene Luftballons werden eng aneinandergelegt. Die Eltern bilden darum einen

Kreis, so daß alle Ballons beisammen bleiben. Vorsichtig wird jeweils ein Kind auf die Ballons gelegt, und die Eltern bewegen sie leicht.

Das Ganze kann von einem Lied oder Reim begleitet werden. Es entsteht eine ruhige, entspannte Atmosphäre.

Die Luftballons tragen normalerweise Kinder bis zu fünf Jahren.

Ballonbauch

Zwei gleich große Kinder klemmen einen Luftballon in Bauchhöhe zwischen sich und versuchen sich so fortzubewegen.

Bei den Kleinen sollte es nicht als Wett- oder Ausscheidungsspiel gespielt werden. Es hat auch so seinen Reiz.

Spiele mit dem Schwungtuch

Es gibt spezielle Schwungtücher im Handel.

Sie sind aber auch leicht aus billiger Futterseide selbst zu nähen. Beim Zusammennähen von zwei Bahnen sollte man möglichst doppelte Nähte machen.

Für kleine Gruppen reicht auch ein leichtes Bettlaken. Beim Spiel mit vielen kleinen Kindern sollten sich die Erwachsenen knien, damit sie etwa die gleiche Größe wie die Kinder haben.

Schwingen und ...

Alle Mitspieler verteilen sich um das Tuch herum und bewegen es auf und ab. Erwachsene und Kinder sollten möglichst gemischt stehen. Jetzt können folgende Spiele gemacht werden:

- Die Kinder setzen, stellen oder legen sich unter das Tuch.
- Wenn das Tuch oben ist, dürfen die Kinder die Plätze tauschen.
- Das Tuch wird ganz tief gehalten und die Spieler erzeugen Wellenbewegungen (Meer), die Kinder dürfen von einer Seite zur anderen nacheinander durch die Wellen rollen und kriechen.
- Nach dem Lied: „Und wer im Januar geboren ist" gehen die Eltern im Geburtsmonat des Kindes mit ihm unter das Tuch.

Ball auf dem Tuch

Ein leichter Ball (z.B. Softball) wird auf das Tuch gelegt. Spielvorschläge:
- Er wird in die Luft geworfen und wieder aufgefangen.
- Man versucht, ihn am Rand entlang zu rollen.
- Man läßt ihn wild hüpfen, ohne daß er herunterfällt.
- Die Spieler rollen ihn gezielt von einem namentlich genannten zu einem anderen.
- Man legt einen zweiten Ball auf das Tuch, und läßt beide Bälle von den gegenüberliegenden Seiten aufeinander zurollen; sie sollten sich treffen (Küßchen geben).

Luftballon auf Tuch

Spiele wie mit dem Ball sind möglich. Durch die Leichtigkeit der Ballons verlaufen die Spiele jedoch anders. Spielmöglichkeiten:

– Viele Luftballons werden auf das Tuch gelegt und so
  lange geschwungen, bis alle runtergefallen sind.
– Man bildet zwei Gruppen. Die eine versucht die
  Ballons vom Tuch zu schwingen, die andere sammelt
  die heruntergefallenen wieder auf und legt sie zurück auf das Tuch.
– Das Tuch wird ganz tief gehalten, zwei Kinder dürfen
  sich auf das Tuch zu den Luftballons legen und so
  lange darauf bleiben, bis alle Ballons runtergeweht
  wurden.

Höhle

Dieses Spiel kann nur von den Erwachsenen durchge-
führt werden. Den Kindern macht es aber Spaß mitzu-
spielen, weil sie nämlich vorher schon unter das Tuch
kriechen durften.
Das Tuch wird möglichst gleichmäßig hoch geschwungen (zählen hilft!). Wenn das Tuch oben ist, müssen die
Spieler die Hände mit dem Tuch auf den Rücken ziehen,
etwas vorgehen und sich so hinsetzen, daß jeder auf
dem Rand des Tuches sitzt.
In der Höhle kann man wunderbar eine Geschichte
erzählen oder ein Fingerspiel machen.

Taubenhaus

Nach dem Lied „Wir öffnen jetzt das Taubenhaus" wird
gespielt. Die Kinder setzen sich unter das Tuch; das ist
das Taubenhaus. Wenn die Tauben ausfliegen, heben
die Erwachsenen das Tuch hoch und schwingen es. Die
Täubchen dürfen darunter herlaufen.
In der letzten Strophe hocken sich alle Kinder wieder
unter das Tuch.

Seifenblasenspiele

Zwei Seifenblasenrezepturen

Zutaten (1): 4 Eßl. Glyzerin
4 Eßl. Schmierseife
1/4 l Wasser
Glyzerin und Schmierseife in 1/4 l Wasser geben, erwärmen, bis alles aufgelöst ist, dann abkühlen lassen.

Zutaten (2): 4 Eßl. Kleister auf 1 l Wasser
3 l Wasser
1 l Spülmittel
3 l Wasser in einen Eimer geben den Kleister und 1 l Spülmittel dazu geben und gut verrühren.
Alles möglichst kalt verarbeiten.

Um große Seifenblasen zu bekommen, macht man folgende Ringe:
Material: Blumendraht
dicken Draht
Zange
Holzstäbe

Zunächst wickelt man 2 Blumendrähte um einen dicken Draht. Dieser wird dann zum Kreis und die Enden des dicken Drahtes nach außen gebogen. Der Holzstab wird zwischen die beiden Enden gesteckt und mit Blumendraht umwickelt.
Mit verschiedengroßen Ringen können kleine, große und riesengroße Seifenblasen gemacht werden.
Die Ringe müssen immer ganz in die Seifenlauge getaucht werden.

Spiele zur Schulung der Sinneswahrnehmung
(Hören, Sehen, Tasten)

Je jünger ein Kind ist, um so ausschließlicher lernt es seine gesamte Umwelt durch Wahrnehmung (Sehen, Hören, Tasten, Riechen und Schmecken) oder Bewegung kennen.
Die differenzierte Wahrnehmung muß geübt werden, um die allseitige Persönlichkeitsentwicklung des Kindes zu fördern.
Die Spiel- oder Krabbelgruppe bietet hierfür gute Möglichkeiten.
Diese Spiele lassen sich aber auch zu Hause durchführen.
Man benötigt kein besonderes Material, und ein normal großer Raum reicht in den meisten Fällen aus.

Hören: Das Kind muß eine Menge akustischer Lernerfahrungen machen, bevor es sich das komplizierte Sprachsystem angeeignet hat.

Wecker suchen

Material: laut tickender Wecker

Ein laut tickender Wecker wird im Zimmer versteckt und gesucht. Für kleine Kinder darf das Versteck nicht zu schwer sein. Es reicht, wenn er mit einem Tuch bedeckt in einer Ecke steht.

Geräusche raten

Material: Kassettenrecorder

Die Tonbandaufzeichnung muß von einem Erwachsenen vorbereitet werden. Man kann beliebige Geräusche aus dem Umfeld der Kinder aufnehmen, z.B. Vogelgezwitscher, Geschirrklappern, Lachen, Autogeräusche ...
Eine andere interessante Variation:
Man erzählt eine Geschichte vom Bauernhof. Die Kinder müssen dann raten, welche Tiere besucht werden, z.B. Schweine, Kühe, Hühner, Ziegen, Schafe ...
Die Tonbandaufzeichnung darf nicht zu lang sein. Und die Geräusche müssen eindeutig sein.
Ein Fingerspiel (z.B. „Alle meine Fingerlein" oder „Schweinchen dick und Schweinchen fett"), ein Tierlied oder ein Lied vom Bauernhof können sich anschließen.

Sehen: Das beidäugige Sehen wird erst über Jahre hinweg erlernt. Zu der optischen Wahrnehmung muß die Koordination von Bewegung und Körper erlernt werden. Vor allem die Auge-Hand-Koordination muß geübt werden.

Taschenlampenspiel

Material: Taschenlampe

Die Kinder sollen den Lichtfleck einer Taschenlampe fangen. Der Lichtstrahl wird auf den Fußboden, in die Ecken, an die Wand ... geworfen.
Die Kinder sollten ebenfalls experimentieren dürfen.

Was oder wer fehlt?

Material: verschiedene Gegenstände
          großes Tuch oder Decke

Bei den kleinen Kindern sollten höchstens 4 Gegenstände in der Mitte des Kreises liegen. Dann wird ein Tuch über die Gegenstände gelegt, und beim Wegnehmen des Tuches wird auch ein Gegenstand entfernt. Was fehlt?
Eine beliebte Variation:
Die Kinder drehen sich um und schließen ihre Augen oder legen ihren Kopf in den Schoß der Mutter. Ein Kind wird unter dem Tuch versteckt. Wer fehlt?

Farbensuche

Wir einigen uns auf eine Farbe, die den meisten Kindern bekannt ist, z.B. rot. Alle Dinge im Raum, die rot sind, dürfen in die Mitte des Raumes gelegt werden. Alle Rotschattierungen sind natürlich erlaubt. Man kann bewußt noch einige rote Gegenstände im Raum verteilen.

Versteckspiel

Material: verschiedene Gegenstände

Verschiedene Gegenstände werden im Raum sehr auffällig versteckt. Die Kinder dürfen suchen.
Langes Suchen ermüdet die Kinder; wenn sie etwas nicht finden, sollte man ihnen behutsam helfen.
Beliebte Variationen:
– Ein Schatz wird gesucht.
– Ein Geschenk wird gesucht.
– Ostereier werden gesucht.

Fühlen: Die Entwicklung aller kindlichen Fertig- und
Fähigkeiten ist nur schwer möglich ohne ein
Erkennen der Beschaffenheit der Dinge
durch Be-greifen und Be-handeln.

Federkitzeln

Material: Federn aus dem Deko- oder Bettengeschäft
eventuell Musik

Die Kinder bekommen Federn und streicheln bzw. kit-
zeln sich und ihre Eltern über Arme, Beine, Gesicht usw.
Dann werden die Rollen getauscht. Die Eltern bekom-
men die Federn und streicheln damit ihr Kind. Leise
Musik führt zu einer gelösten Atmosphäre und mehr
Entspannung.
Dieses Spiel kann auch mit einem Fingerspiel verbun-
den werden.

Was ist im Sack?

Material: Sack
verschiedene Spielsachen

Eindeutig zu ertastende Spielsachen (z.B. Teddy, Ball,
Buch, Holzklotz …) legt man in einen Sack. Am Anfang
sollten es nur zwei Gegenstände sein. Nacheinander
dürfen die Kinder in den Sack fassen, die Gegenstände
betasten und benennen.

Wir decken den Tisch

Material: großes Tuch
  Löffel
  Becher
  Teller
  Tischtuch

Unter einem großen Tuch befinden sich alle Sachen, die für das Tischdecken benötigt werden.
Die Kinder dürfen unter das Tuch fassen und alles ertasten. Nacheinander benennen sie den Gegenstand, den sie erfühlt haben und stellen ihn auf den Tisch. Zuerst muß natürlich die Tischdecke aufgelegt werden.

Tastspiel: Kinderzimmer

Material: verschiedene Spielsachen
  großes Tuch oder Sack

Als Einleitung erzähle ich eine kurze Begebenheit:
Marie räumt nicht gerne Zimmer auf. Sie spielt aber gerne, und ihr Zimmer sieht zum Fürchten aus. Alles liegt herum, Marie findet selbst schon nichts mehr wieder. Die Mutter sagt: „Marie, dein Zimmer ist schrecklich unordentlich, sollen wir es gemeinsam aufräumen?" Marie ist glücklich, daß ihre Mutter ihr helfen will, und willigt ein. Ich habe einige der Spielsachen mitgebracht, die bei Marie auf dem Fußboden lagen.
Die Kinder fassen nun in den mitgebrachten Sack und erfühlen die Spielsachen (siehe auch Spiel „Was ist im Sack?").

Tastspiel: Herbst

Material: nicht zu hohe Pappkisten
Laub
Sand und kleine Steine
eine Frucht (z.B. Apfel, Birne, Pflaume)
ein großes Tuch oder
mehrere kleine

Die Kisten müssen wie folgt hergerichtet werden:
- In die erste Kiste legt man Laub und kleine Zweige, möglichst so viel, daß die Kinder richtig darin wühlen können.
- In die zweite Kiste legt man Sand und Steine.
- In die nächste Kiste wieder Laub und eine Obstsorte, in meinem Fall war es ein Apfel.

Entweder deckt man jede Kiste einzeln zu, oder alles wird mit einem Laken bedeckt.

Jetzt erzähle ich folgende Geschichte:
Es ist draußen soooo wunderschön, die Sonne scheint warm. Bei solch einem Wetter muß ich einfach raus. Ich werde Sara besuchen, sie hat mir gesagt, ich soll mir bei ihr Obst abholen. Ich ziehe mich also an und gehe los.
Zuerst gehe ich durch einen Wald. Was liegt unter meinen Füßen? (Die Kinder fassen in die erste Kiste, und sagen mir, was sie ertasten). Es macht mir Spaß, die Blätter mit meinen Füßen hochzuwirbeln. Aber ich will mir ja noch etwas Leckeres holen, also muß ich mich beeilen.
Worüber gehe ich denn nun? (Die Kinder fassen in die zweite Kiste und sagen, was sie fühlen.) Jetzt sehe ich schon Saras Haus, ich laufe ganz schnell. Sara hat mich auch schon gesehen und wartet bereits vor der Haustür. „Schön, daß du kommst, ich habe dir schon zwei Tüten Obst fertiggestellt." – „Morgen gehe ich zur Kinder-

gruppe und ich möchte dort jedem Kind etwas schenken. Ich möchte sie damit überraschen."
Wir beide haben uns noch lange unterhalten, Kaffee getrunken und einen leckeren selbstgebackenen Apfelkuchen gegessen.
Danach bin ich mit beiden Tüten wieder nach Hause gegangen.
In dieser Kiste habe ich unter dem Laub etwas versteckt. Jetzt sucht mal nacheinander und ratet, was es ist.
(Die Kinder fassen in die letzte Kiste und sollen z.B. den Apfel ertasten.)
Wenn alle Kinder die Aufgabe erfüllt haben, bekommt jeder einen Apfel.

Spielvariationen:
Das Tastspiel zum Thema Herbst kann selbstverständlich auch auf die anderen Jahreszeiten übertragen werden.
Frühling: z.B. Zweige, an denen die Knospen zu fühlen sind; angewärmter Sand (von den ersten Sonnenstrahlen).
Sommer: z.B. warmer Sand; warmes Wasser, Muscheln und Steine; Wasserball.
Winter: z.B. Eis; Mütze, Schal und Handschuhe; Schlitten.

Papier-Pool

Material: alte Illustrierte
Zeitungen
aufblasbares Kinderplanschbecken

Das Schwimmbecken wird mit Papierschnipseln gefüllt.
Den Kindern macht es sehr viel Spaß, das Papier zu
zerreißen. Es fördert ihre Motorik. Ältere Kinder können versuchen, das Papier mit den Füßen zu zerreißen.
Man kann in dem Papier-Pool:
– schwimmen
– es Schnipsel regnen lassen
– etwas unter den Schnipseln verstecken
– Schnipsel versuchen mit den Füßen hochzuheben

Kneten

Die Hände sind ein wichtiges Instrument der Erkennt-
nisgewinnung. Knete läßt sich rollen, klopfen, ausein-
anderziehen, drücken, ... es werden immer wieder neue
Erfahrungen gemacht.
Bevor Hilfsmittel, wie Rollen, Förmchen, Messer, Holz-
stäbchen, usw. zur Verfügung gestellt werden, muß das
Kind zunächst viel Zeit bekommen, mit der Knetmasse
zu experimentieren.
Neben zwei Knetmassen (Alaunknete und Salzteig), die
ausschließlich zum freien Gestalten gedacht sind, habe
ich zwei Grundrezepte von eßbaren Teigen aufgeführt.
Hier sollte nicht alleine der Spielwert des freien Knetens
im Vordergrund stehen.
Den Kindern sollte erklärt werden, daß dieser Teig
gebacken und gegessen werden kann.
Sie können den Backvorgang beobachten und ihr
„Werk" in einer sich anschließenden Kaffeerunde essen.

Alaunknete

Zutaten: 400 g Mehl
200 g Salz
2 Eßl. Alaunpulver
3 Eßl. Öl
1/2 l kochendes Wasser
Lebensmittelfarbe

Die Lebensmittelfarbe gibt man zuerst ins Wasser.
Alle Zutaten werden mit einem Rührgerät vermischt und gut durchgeknetet. Es soll eine geschmeidige Masse entstehen.
Eventuell muß noch etwas Wasser oder Mehl hinzugefügt werden.
Die Knetmasse kann in einem verschließbaren Behälter einige Zeit aufbewahrt werden. An der Luft trocknet sie aus.

Salzteig

Zutaten: 3 Tassen Mehl
2 Tassen Salz
1 Tasse Wasser
2 Eßl. Öl

Alle Zutaten werden mit dem Rührgerät vermischt und gut durchgeknetet. Der Teig kann mit Lebensmittelfarben gefärbt werden, muß aber nicht.
Salzteig kann im Backofen oder an der Luft getrocknet werden.

Hefeteig

Zutaten: 1 Tütchen Hefe
500 g Mehl
50 g Zucker
1 Prise Salz
1/4 l Milch
50–80 g Butter

Hefe, Mehl, Zucker und Salz in einer Schüssel verrühren. Das Fett schmelzen und die Milch dazugießen. Die warme Flüssigkeit in die Schüssel geben und mit dem Rührgerät zu einem Teig verkneten.
Der Teig muß an einem warmen Ort etwa 20 Min. aufgehen.
Dann wird der Teig nochmals so lange geknetet und geschlagen, bis er geschmeidig ist.
Wenn die Kinder genug experimentiert haben, kann der Teig gebacken werden (175°C E-Herd).

Quark-Öl-Teig

Zutaten: 150 g Quark
5 Eßl. Milch
5 Eßl. Öl
75 g Zucker
1 Ei
1 Päckchen Backpulver
300 g Mehl

Quark, Milch, Öl, Zucker und Ei werden glattgerührt. Danach gibt man das mit Backpulver gemischte Mehl hinzu und verknetet alles zunächst mit dem Rührgerät, dann mit den Händen zu einem glatten Teig.
Die Kinder verarbeiten gerne noch Rosinen, Mandeln, Nüsse oder Obststückchen.
Da sowohl der Hefe- als auch der Quark-Öl-Teig auch

nach langem Kneten nicht an den Händen kleben bleiben, sind sie besonders für die ersten Backversuche geeignet.

Kasperspiele

Das Vorführen eines Kasperstückes macht auch schon den 2jährigen Kindern Vergnügen. Man sollte jedoch nur kurze Handlungen und klare Szenen spielen. „Böse" Spielfiguren bereiten den Kleinen oft Angst. Ein Kasperstück kann auch ohne Teufel, Hexe oder Krokodil interessant sein.
Die Spieler dürfen sich nicht starr an ihren Text halten. Ein Kasperstück lebt erst durch die Zwischenrufe der Kinder.
Sie sollen zum Mitmachen animiert werden.

Kasper geht schlafen

Material: Kasper
Gretel
Stück Stoff (Decke)
Becher
Bühne

Diese Geschichte ist ein Stück aus dem täglichen Leben. Die Kinder können sich damit identifizieren. Es eignet sich besonders für den Abschluß eines Treffens. Es kann von einer, aber auch von zwei Personen vorgeführt werden.

Kasper: Guten Tag, liebe Kinder, ist es heute nicht wunderbar hier? Sollen wir zusammen ein Lied singen?
(*singt zusammen mit den Kindern ein Lied, das diese vorgeschlagen haben*)
Nun muß ich erst mal die Gretel und den Seppel suchen. Tschüß, Kinder! (*ab*)

Gretel: Guten Tag, liebe Kinder, habt ihr den Kasper
          gesehen?
          Es ist schon so spät und er muß ins Bett.
          Ruft ihn mal alle. Kasper! (*rufen*)

Kasper: Warum schreit ihr so laut? Was ist los?

Gretel: Du mußt ins Bett, es ist schon spät.

Kasper: Ach bitte, ich möchte noch etwas spielen. Ich
          bin gar nicht müde.

Gretel: Nein, Kasper, jetzt ist es Abend. Du konntest
          den ganzen Tag schön spielen. Ich hole jetzt
          deine Decke, dann kannst du hier schlafen.
          (*ab*)

Kasper: Die Gretel ist doof. Ich bin doch gar nicht
          müde, ich will nicht schlafen.

Gretel: (*mit Decke*) So hier ist deine Decke, leg dich
          hin, so, und mach deine Augen zu. Schlaf
          gut! (*ab*)

Kasper: Gretel! Gretel!

Gretel: Kasper, was ist?

Kasper: Ich habe mich noch nicht gewaschen und die
          Zähne geputzt.

Gretel: Dann geh schnell. Ich überlege mir zusammen
          mit den Kindern ein Gute-Nacht-Lied. Sol-
          len wir gleich für den Kasper das Lied
          „Schlaf Kindlein schlaf" singen?

Kasper: So, ich bin fertig.

Gretel: Leg dich wieder hin, mach die Augen zu, wir
          singen dir noch ein schönes Einschlaflied
          vor. (*singt mit den Kindern, dann ab*)

Kasper: Gretel! Gretel!

Gretel: Warum schreist du schon wieder?

Kasper: Gretel, wenn ich meine Augen zu mache, ist
          alles so dunkel.

Gretel: Red keinen Unsinn, das ist nun mal so. Schlaf
          gut! (*ab*)

Kasper: Gretel! Gretel!

Gretel: Kasper, warum schläfst du nicht?

Kasper: Ich habe Durst!

Gretel: Ich hole dir etwas Wasser. (*ab, kommt mit einem Becher*)
Trink ein bißchen, und dann schlaf. (*ab*)

Kasper: Jetzt will ich schlafen. Aber – Kinder wißt ihr, warum es nicht geht? (*richtet sich auf*) Ich erzähl es euch mal.
Also: Meine Augen gehen immer wieder auf, in meiner Nase kitzelt es, meine Mütze verrutscht immer, und außerdem bin ich überhaupt nicht müde. – Gretel! Gretel!

Gretel: Oh, Kasper, ich werde noch ganz böse. Ich muß die Wäsche zusammenfalten und noch bügeln, und dann möchte ich mich auch endlich ausruhen.

Kasper: Gretel, weißt du, was mir fehlt?

Gretel: Nein, was denn?

Kasper: Du hast etwas ganz Wichtiges vergessen.

Gretel: Du hast deine Decke, hast dich gewaschen und dir die Zähne geputzt, hast Wasser getrunken und … jetzt reicht es mir, ich gehe wieder.

Kasper: Nicht gehen Gretel, ich brauche doch noch etwas von dir!
Kinder, wißt ihr, was ich noch brauche? Natürlich, einen Gute-Nacht-Kuß!

Gretel: Ja, da hast du recht. Wie konnte ich das vergessen. (*gibt dem Kasper einen Kuß*) Jetzt mach aber auch wirklich deine Augen zu. Tschüß, Kinder. Schlaf gut, Kasper!

Kasper: Ich glaube, jetzt bin ich wirklich müde. Liebe Kinder, ihr geht jetzt nach Hause und dann auch ganz schnell ins Bett.

Tschüß! (*legt sich hin, fängt an zu schnar-chen*)

Der Vorhang geht zu.

Kasper und der kleine Bär

Material: Kasper
Gretel
Bär
kl. Korb mit Bauklötzen, kleinem Glas oder
Becher

Kasper: Guten Tag, liebe Kinder! Ich habe einen neu-en Freund, der wohnt im Wald, frißt gerne Honig und brummt. Wißt ihr, wie er heißt? Richtig, es ist ein kleiner Bär. Für ihn stibitze ich immer Honig aus der Küche.

Gretel: Kasper, gehst du für mich einkaufen? Komm, hier ist ein Korb und ein Einkaufszettel. Es steht darauf: Honig, Käse, Butter, Milch und Brot.

Kasper: Hoffentlich kann ich alles tragen. Bin ich wohl stark genug?

Gretel: Sicher Kasper, so schwer ist das nun auch wie-der nicht. Es paßt alles in den Korb. (*ab*)

Kasper: Honig, Käse, Butter und Brot, alles für ein lek-keres Frühstück. Ich gehe, sonst wird es zu spät, und dann machen die Läden zu. (*ab*)

Bär: Brummm, brummm, brummm, ich bin so allei-ne, wo bleibt der Kasper heute nur. Mein Magen knurrt, ich habe heute nur ein paar Beeren zu fressen gefunden. Brummm, brummm… Kinder, habt ihr den Kasper gese-hen?

Ich setz mich hier hin und warte auf ihn.

Kasper: Puh, der Korb ist so schwer, aber ich habe alles mitgebracht, Honig, Käse, Butter, Milch und Brot.

Bär: Hallo Kasper, ich habe schon sooo lange auf dich gewartet. Wo warst du?

Kasper: Ich mußte einkaufen, sieh mal in meinen Korb, was da alles drin ist. (*Bär sieht in den Korb*)

Bär: Kasper, du hast ja ein großes Glas Honig darin, ich habe schrecklichen Hunger, den ganzen Tag habe ich nur von ein paar Beeren gelebt. Hör mal, wie mein Magen knurrt. (*Kasper horcht am Bärenbauch*)

Kasper: Schrecklich, hier, nimm das Glas Honig, dann geht es dir wieder besser.

Bär: Danke, danke, lieber Kasper. Ich schlecke den Honig schnell auf, ich habe solch einen riesigen Hunger.
Jetzt geht es mir schon viel besser, brummm. Ich kann wieder spielen. Komm, ich hole uns einen Ball.

Kasper: Kleiner Bär, morgen spielen wir wieder zusammen.
Jetzt muß ich ganz schnell zur Gretel, sie wartet bestimmt schon auf mich. Tschüß, kleiner Bär! (*Bär geht ab*)
Oh, oh, oh, was wird jetzt die Gretel sagen?

Gretel: Kasper, da bist du ja. Zeig mir mal, ob du alles mitgebracht hast. Butter, Brot, Käse, Milch und … wo ist der Honig, das Glas ist ja ganz leer?

Kasper: Mein lieber, neuer Freund saß hier mit knurrendem Magen, er hatte sooo großen Hunger (*zeigt es mit den Armen*), da habe ich ihm den Honig gegeben. Danach fühlte er sich wieder „bärig" gut.

Gretel: Das glaube ich dir nicht. Du hast bestimmt den Honig aufgegessen! Ich weiß doch, wie gerne du Honig naschst.

Kasper: Frag' nur die Kinder. Kinder, habe ich dem Bär den Honig gegeben?

Kinder: Ja! Also, da hörst du es. Glaubst du mir jetzt?

Gretel: Ja, Kasper, ich glaube dir, und ich finde es sehr lieb von dir, daß du für den Bären gesorgt hast.
Dann müssen wir heute abend eben ohne Honig auskommen.
Das ist auch viel besser für die Zähne. Kasper, und endlich weiß ich, warum unser Honigglas so schnell leer ist.

Kasper: Tschüß, Kinder, wir gehen jetzt essen. Bis zum nächsten Mal. (*beide ab*)

Omas Geburtstag

Material: Kasper
Räuber
kleiner Sack
Tuch

Kasper: Hallo liebe Kinder, heute ist ein ganz besonders schöner Tag. Die Sonne scheint, ihr Kinder macht alle so freundliche Gesichter, und … meine Oma hat Geburtstag. Hier in diesen Sack habe ich mein ganzes Geld gesteckt, genau 120 Pfennige. Dafür will ich meiner Oma ein Geschenk kaufen.
– Ja, was soll ich der Oma schenken? Habt ihr eine Idee?

Kinder: (*machen Vorschläge*)

Kasper: Ich geh mal zur Oma und frag sie, was sie sich zu ihrem Geburtstag wünscht. Den Geldbeutel stell ich hier in die Ecke. Paßt alle gut darauf auf. Wenn jemand kommt und ihn klauen will, müßt ihr mich ganz laut rufen. Ich beeile mich auch! Tschüß, Kinder! (*ab*)

(*Der Räuber schaut um die Ecke. Die Kinder rufen den Kasper.*)

Kasper: Kinder, was ist?

(*Die Kinder rufen durcheinander. Der Räuber schleicht sich von der gegenüberliegenden Seite an, Kinder rufen.*)

Kasper: Ja, jetzt weiß ich, warum ihr schreit. He Räuber, komm her, was willst du hier?

Räuber: Hallo Kinder! Hallo Kasper! Was schreit ihr so, was ist los?

Kasper: Ich dachte schon, du wolltest mein Geld klauen.

Räuber: Ich dein Geld klauen, (*hebt den Sack hoch*) da ist ja überhaupt nichts drin.

Kasper: Ha, ha, ha gar nichts drin? 120 Pfennige, und dafür kaufe ich der Großmutter ein Geburtstagsgeschenk.

Räuber: Ho, ho, ho, 120 Pfennige, daß ich nicht lache, ho, ho, ho. Dafür bekommst du nicht viel. Aber ich kann dir helfen, ich habe Zauberkräfte, ich kann daraus 1000 Pfennige machen, ho, ho, ho.

Kasper: Das will ich sehen! Da bin ich aber gespannt, wie soll das nur gehen?

Räuber: Ich habe vom Zauberer Ratsch ein wunderbares Zaubertuch bekommen, das lege ich dir über den Kopf, sage einen Zauberspruch, und schon werden aus 120, 1.000 Pfennig. Ich hole schnell das Tuch. (*ab*)

Kasper: Kinder, sagt mal, glaubt ihr dem Räuber?

Kinder: Nein

Kasper: Ich auch nicht, dem nicht! So, das Geld stecke ich mir ganz schnell in die Hosentasche, sooo.– Und wißt ihr, was ich jetzt in den Beutel lege? – Eine große Hand voll Niespulver – Pst, ihr dürft nichts verraten. (*pfeift*)

Räuber: So, hier habe ich das Tuch. Jetzt mußt du alles tun, was ich dir sage. Ich lege dir das Tuch über den Kopf, aber du darfst nicht darunter hersehen.

Kasper: Quatsch, du willst mir mein Geld klauen, ich setz mich lieber auf meinen Beutel.

Räuber: Das geht nicht, den Beutel muß ich in der Hand halten.

Kasper: Und was dann?

Räuber: Dann sage ich hip, hop, holla, Beutel sei schnell voller.

Kasper: Ja, ja, ja, und mein Geldbeutel ist nicht voller, sondern futsch!

Räuber: Was meinst du?

Kasper: Das ist doch nicht die Möglichkeit, ich sitz auf meinem Geldbeutel und fühle, daß er ganz weich ist.

Räuber: Her damit!

Kasper: Du hast eben schon den Spruch gesagt, vielleicht war es der falsche, und du hast mein Geld schon weggezaubert.

Räuber: Quatsch, mach keine dummen Späße!

Kasper: Wenn du mir nicht glauben willst, schau doch
          selber hinein, hier bitte.

(*Der Kasper drückt den Räuber mit der Nase in den
geöffneten Geldbeutel*)

Räuber: Ho, ho,ho, hatschi, hatschiii, hatschi, nein,
          nein, hatschiiiiii (*niesend ab*)
Kasper: Der wird mir nicht mehr erzählen, daß er zau-
          bern kann.
          So schnell lasse ich mich nicht reinlegen.
          Jetzt muß ich aber das Geburtstagsgeschenk
          kaufen, und ich weiß auch schon was. Ich
          kaufe meiner Oma die schönste Blume. –
          Kinder, was meint ihr dazu?
Kinder: Jaaa!
Kasper: Auf Wiedersehn, liebe Kinder, ich muß mich
          beeilen, die Oma wartet schon, es gibt Kaf-
          fee, Kakao und leckeren Kuchen. Tschüß!
          (*Vorhang zu*)

Die Person der Oma kann durch ein den Kindern be-
kanntes Geburtstagskind ersetzt werden, da die Oma
nicht auftritt. Der Kasper kann mit allen Kindern ein
Geburtstagslied singen,
und man begibt sich gemeinsam an die Kaffeetafel.
Der „Räuber" kann auch durch einen kleinen Zwerg
oder ein schlaues Tier ersetzt werden.

Kleine Spiele selbstgemacht

Diese einfachen Spiele können mit wenig Aufwand vom Erwachsenen für das gemeinsame Spielen in der Familie und der Kindergruppe hergestellt werden.
Die 2 1/2–3 Jahre alten Kinder können sie schon spielen. Die motorischen Fähigkeiten sowie Ausdauer, Kooperation oder die Aufnahmefähigkeit sind bei dem kleinen Kind noch nicht so weit entwickelt. Sie können aber durch die Spiele gefördert werden.
Alleine über die sprachliche Anweisung begreifen die Kinder die Spiele oft nicht. Der Erwachsene sollte zunächst auf jeden Fall mitspielen.

Angelspiel

Material: großer Karton
Kronkorken
Klebstoff
farbiges Tonpapier
Rundhölzer (ca. 1 cm Durchmesser)
Schnur
Magnete

Aus dem Tonpapier werden Fischformen ausgeschnitten, bemalt und jeweils zwischen zwei Kronkorken geklebt.
Aus dem Stock, der Schnur und dem Magnet wird die Angelrute gefertigt. Mit dieser Angelrute können die Fische aus dem Karton geangelt werden.

Stellen Sie zunächst das Kind mit in den Karton, damit
es die Fische sehen kann.
Spielen Sie es dem Kind zuerst einmal vor, machen sie
es dann gemeinsam, und erst später wird es alleine oder
mit Freunden spielen.

Puzzle: Sternenhimmel

Material: Fester blauer und gelber Zeichenkarton
oder Pappe
Ausstechformen (Mond, Stern mit und
ohne Schweif, große und kleine)
kleine gelbe Perlen
Nadel und Zwirn
Cuttermesser
1 weißes DIN A4 Blatt Papier

Auf einem etwa DIN A4 großen, blauen Karton werden
ein großer und ein kleiner Stern, ein Schweifstern und
ein Mond aufgemalt und ausgeschnitten.
Auf gelbem Karton werden die gleichen Formen aufgemalt. Sie müssen jedoch etwas kleiner als bei dem
blauen Karton ausgeschnitten werden.
Auf die Sterne näht man je eine kleine Perle, damit sie
besser herausgenommen und eingesetzt werden können.
Man kann auch viele andere einfache Motive wählen:
Auto, Haus, Baum, verschiedene geometrische Formen,
aber auch ein Bild des
Kindes kann man auf
Pappe kleben und zwei-,
dreimal durchschnei-
den.
Mit Klarsichtfolie bezo-
gen oder mit Klarlack

übersprüht hält es länger. Wer geschickt mit der Laubsäge oder der Dekupiersäge umgehen kann, kann diese einfachen Spiele auch aus Holz herstellen.

Memory

Material: ca. 10 x 10 cm großer Pappkarten
Stifte zum Malen oder
Bildpaare aus Zeitschriften oder
Prospekten
Klebstoff und Schere
selbstklebende Folie

Auf jedes Quadrat wird ein Motiv gemalt oder geklebt. Jeweils zwei Motive müssen identisch sein.
Sie müssen klar und deutlich zu erkennen sein und aus dem Erfahrungsfeld des Kindes stammen (Beispiele siehe Domino).
Man fertigt so viele Kartenpaare an, wie Kinder in der Gruppe sind.
Zuletzt bezieht man die einzelnen Karten mit Folie.

Spielmöglichkeiten:

- Man sollte zunächst mit offenen Karten spielen und einfach nur zuordnen. Welche 2 Bilder gehören zusammen?
- Bei diesem Spiel sollte man nicht mit der ganzen Gruppe spielen.
- Jedes Kind bekommt eine Karte. Die anderen dazugehörenden Karten werden im Raum verteilt.
  Wer findet das Bild, das zu seiner Karte paßt?
- Die Karten werden unter den Kindern und Eltern verteilt.
  Wer gehört zusammen?

– Man versucht, mit verdeckten Karten zu spielen. Zunächst spielt jedoch nur ein Erwachsener mit einem Kind und höchstens mit 4 Kartenpaaren.

Domino

Material: weißer Fotokarton
Stifte zum Malen oder Buntpapier zum Bekleben
Klebstoff
Schere
Lineal
selbstklebende Klarsichtfolie

Aus dem Fotokarton werden ca. zwanzig 15 x 10 cm große Kärtchen zugeschnitten.
Man entscheidet sich für höchstens vier Motive aus dem Erfahrungsfeld des Kindes.
Einige Beispiele:

– Puppe, Ball, Teddy, Auto
– Apfel, Birne, Pflaume, Kirsche
– Dreieck, Kreis, Viereck
– Baum, Blume, Sonne
– Katze, Hund, Vogel
– Messer, Gabel, Löffel

Zuerst teilt man das Rechteck mit einem deutlichen Strich in zwei gleich große Quadrate. Auf jedes Quadrat wird ein Motiv gemalt oder geklebt. Von den einzelnen Motiven fertigt man am besten jeweils eine Schablone an. Das erleichtert dem Kind das Zuordnen und Wiedererkennen.
Die Motive sollten auf den Kärtchen möglichst vielfältig kombiniert werden.

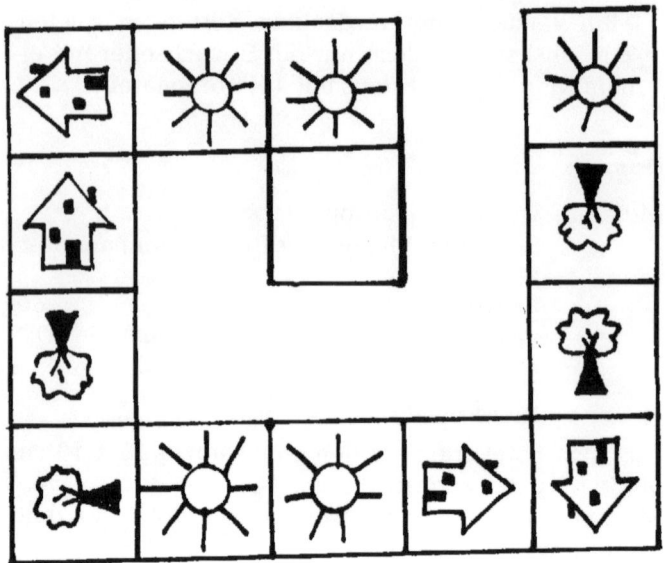

Zum Beispiel:

Katze	– Vogel	Hund	– Katze
leer	– Katze	leer	– Hund
leer	– leer	Hund	– Hund
Katze	– Katze	Vogel	– Vogel
Vogel	– leer	Vogel	– Hund

Damit das Spiel länger hält, überzieht man jedes Kärtchen mit Klarsichtfolie.

Die hungrige Raupe

Material: Knetmasse (sie muß trocken und hart
werden)
Spielplan
Pappe (DIN A2)
Klebstoff
Farbenwürfel
roter, grüner, gelber und blauer Stift

Der Spielplan kann nach dem Muster kopiert oder ab-
gemalt werden. Zwei Kopien klebt man auf eine DIN
A2 große Pappe. Das Obst und die Blätter müssen
entsprechend farbig ausgemalt oder beklebt werden.
Die Schmetterlinge werden ebenfalls rot, grün, gelb
und blau ausgemalt.
Als Start schneidet man aus grünem Tonpapier Blätter
zu, die jeweils an den Anfang der Spielreihe gelegt
werden. Aus Knetmasse (z.B. grünem Fimo) modelliert
man kleine Raupen.
Jeweils fünf kleine Kugeln drückt man aneinander, auf
die erste wird noch ein Gesicht gemalt.
Der Farbwürfel ist im Spielwarengeschäft zu bekommen. Man kann aber
auch einen Zahlen-
würfel mit je einem
gelben, roten, blau-
en und grünen Punkt
bekleben.

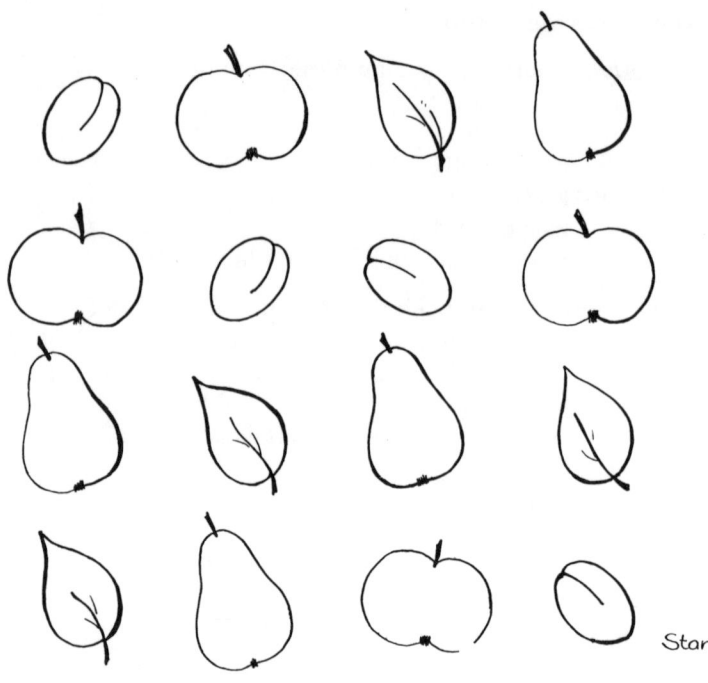

Start

Vorlage muß auf 200%
vergrößert werden!

Hier   Blatt 2   1cm   unter   Blatt 1 kleben

Vorlage muß auf 200%
vergrößert werden!

Spielregel:

Jeder Spieler bekommt eine Raupe und startet auf einem grünen Blatt. Der Reihe nach wird gewürfelt.
Erscheint die Farbe der nächsten Frucht, so darf der Spieler mit seiner Raupe ein Feld vorrücken. Stimmten Farbe und Frucht nicht überein, so muß er stehenbleiben. Die Raupe muß sich durch jede Frucht fressen.
Ist der Spieler bei der letzten Frucht angekommen, so darf er noch einmal würfeln. Jetzt verwandelt sich die Raupe in einen grünen, gelben, ... Schmetterling. Er setzt seine Raupe auf den entsprechenden Schmetterling.
Wer wird zuerst ein Schmetterling?

Spielvariation:

– Man benötigt noch einfache Schmetterlinge aus Papier.
Jeder Spieler, der den Schmetterling erreicht, bekommt einen Papierschmetterling. Diesen darf er buntbemalen.
– Wer fertig ist, darf den anderen helfen.

Bierdeckelsteckspiel

Material: Bierdeckel
weißes und buntes
Papier
Farben
Klebstoff
Lineal
Schere oder Cutter
eventuell Klarlack

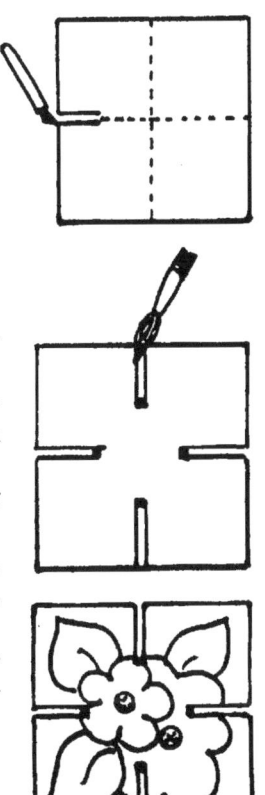

Bierdeckel sind im Getränke-
markt kostenlos zu bekommen.
Zuerst beklebt man die Bierdeckel mit weißem oder buntem
Papier.
Die Bauteile werden nach der
Abbildung gefertigt.
Damit sie ineinanderpassen,
muß der Einschnitt so lang sein,
wie die Pappe dick ist.
Bei der Gestaltung der einzelnen Teile gibt es sehr viele Möglichkeiten.

Einige Beispiele:

Farbensteckspiel: Die Teile werden beidseitig
mit Buntpapier beklebt.

Blumenwiesesteckspiel: Man bemalt oder beklebt
die Bierdeckel mit Blumen-
motiven, Schmetterlingen
und Käfern. Bilder aus Blu-

menkatalogen sind ebenfalls
geeignet.

Zoosteckspiel: Wie bei der Blumenwiese bemalt oder beklebt man die
Bierdeckel mit Tiermotiven.

Aquariumsteckspiel: Die Bierdeckel werden mit Papier in verschiedenen Blau-
tönen beklebt. Darauf klebt
oder malt man einen Fisch,
Muscheln, Steine oder Was-
serpflanzen.

Alle Teile halten länger, wenn man sie lackiert. Besonders die Einschnitte sollten mit farblosem Lack bestri-
chen werden.
Die einzelnen Steckelemente (Bierdeckel) können zu
langen Reihen und zu Türmen gesteckt werden.

Kugelbahn

Kugelbahnen gibt es in vielen Variationen zu kaufen.
Für die Kinder genauso interessant und wesentlich billiger sind folgende Kugelbahnvorschläge:

– Papprollen für den Transport von Bildern oder Papprollen, auf die Teppichböden aufgerollt werden, kann
man in den entsprechenden Geschäften (z.B. Galerie,
Teppichmarkt) kostenlos oder für wenig Geld bekommen.
Durch diese Rollen passen kleine Bälle und Autos.
Sie sind für das motorisch noch ungeübte Kind besonders geeignet.
– Drei bis fünf lange Pappstreifen werden in der Mitte
gefalzt und an eine Tür oder auf ein großes Brett
angebracht.

– Viele große und kleine Papprollen klebt man auf ein
Brett, und zwar so, daß sie schräg nach unten zeigen.
Man kann die Rollen halbieren oder ganz lassen.
Schön sieht es auch aus, wenn die Kinder die Rollen
vorher anmalen.

– Fallrohre aus dem Baumarkt oder Installationsge-
schäft oder nicht zu dünne Gartenschläuche wickelt
man nicht zu stramm um einen Stuhl. An einigen
Stellen muß man sie mit Tesakrepp befestigen. Unter
das Ende stellt man einen kleinen Behälter, damit die
Kugeln nicht im ganzen Raum herumkullern.

Tastbuch

Material: Hefter
Pappe
Klebstoff
unterschiedliche Materialien wie:
Fell, Wolle, Sand, Federn,
Schmiergelpapier, verschiedene Stoffsor-
ten, Kreppapier,
Stanniolpapier, Teppichboden, Erbsen, usw.

Aus Pappe werden Buchseiten geschnitten. Diese werden mit dem entsprechenden Material beklebt, gelocht
und zusammengeheftet.
Es empfiehlt sich, die Seiten nicht festzubinden, so daß
man für unterschiedliche Spiele Pappen herausnehmen
kann.

Unterschiedliche Tastspiele sind möglich:

– Das Material kann blind ertastet werden.

– Die Kinder sortieren nach der Beschaffenheit (weich–
hart, kalt – warm, angenehm – unangenehm).

– Die Seiten werden unter einem Tuch versteckt; wer
findet z.B. das Fell oder den Samtstoff?

Spiele für Kinder im Grundschulalter

Irene Flemming / Jürgen Fritz

Ruhige Spiele
Entspannungs- und Konzentrationsspiele

Spiele mit viel Bewegung
Mit Grundschulkindern drinnen und draußen aktiv

Darstellende Spiele
Zum Mit- und Vorspielen

Kooperationsspiele

Jeweils rd. 112 Seiten. Kartoniert. Mit Illustrationen

Das Autorenteam – beide versierte Spielpädagogen – stellt mit diesen vier Bänden eine Spielbibliothek zur Verfügung, mit deren Hilfe sich zu allen Gelegenheiten mit Grundschulkindern spielen läßt.

Matthias-Grünewald-Verlag · Mainz